Gerhard Alexander Leist

Die Differenzansprüche aus Börsengeschäften

Gerhard Alexander Leist

Die Differenzansprüche aus Börsengeschäften

ISBN/EAN: 9783743307261

Hergestellt in Europa, USA, Kanada, Australien, Japan

Cover: Foto ©Lupo / pixelio.de

Manufactured and distributed by brebook publishing software
(www.brebook.com)

Gerhard Alexander Leist

Die Differenzansprüche aus Börsengeschäften

Die

Differenzansprüche

aus

Börsengeschäften.

Von

Dr. Gerhard Alexander Leist,

a. o. Professor der Rechte in Marburg.

(Separat-Abdruck aus dem Archiv für die civilistische Praxis.
83. Band. Neue Folge 33. Band. 2. Heft.)

Freiburg i. B. und Leipzig.
Akademische Verlagsbuchhandlung von J. C. B. Mohr
(Paul Siebeck).

Die folgenden Blätter sind dem Nachweise gewidmet,
daß ein Theil der Differenzansprüche aus Börsengeschäften
nach den im gemeinrechtlichen Gebiet geltenden Vorschriften
von Voraussetzungen abhängig ist, die bisher keine Beachtung
gefunden haben.

Unter Börsengeschäften sollen die Verträge verstanden
werden, welche die bestehenden Börsengebräuche als maß=
gebend anerkennen. Solche Verträge werden nicht bloß
zwischen Börsenbesuchern geschlossen [1]); auch Verträge zwischen
Börsenfirmen und Personen, welche die Börse nicht besuchen
(Börsenexternen), nehmen vielfach die an der Börse üblichen
Geschäftsbedingungen in sich auf.

Die Untersuchung beschränkt sich auf Differenzansprüche
aus börsenmäßigen Zeitkaufverträgen (Termingeschäften); die

---

1) Vgl. z. B. Bedingungen für die Geschäfte an der Berliner
Fondsbörse: „Alle an der Berliner Fondsbörse geschlossenen Handels=
Geschäfte gelten, insoweit nicht Anderes verabredet ist, als nach
Berliner Börsen=Usancen und unter nachfolgenden Bedingungen ge=
schlossen" . . . .

Ergebnisse der Untersuchung dürften auch bei der Beurtheilung von Differenzansprüchen aus Kassageschäften in
Betracht kommen.

Aus Termingeschäften werden Ansprüche auf eine „Differenz" auf dreierlei Weise gewonnen:

1. Ein einzelnes Termingeschäft kann, wenn die Erfüllung ausgeblieben ist, dem einen Kontrahenten einen Anspruch auf die Differenz zwischen dem vereinbarten Kaufpreise und dem Börsenpreise der Erfüllungszeit gewähren.

2. Wird zwischen den Kontrahenten eines Termingeschäfts
vor dem Ablauf der Erfüllungszeit ein zweites Termingeschäft
über die gleiche Quantität gleicher Waare zu demselben
Termin derart abgeschlossen, daß der Käufer des ersten Geschäfts im zweiten als Verkäufer und der Verkäufer des
ersten Geschäfts im zweiten als Käufer auftritt, so kann die
Kompensation der beiderseitigen Forderungen für den einen
Kontrahenten einen Anspruch auf die Differenz zwischen
den Kaufpreisen der beiden entgegengesetzten Geschäfte übrig
lassen.

3. Kauft der eine Kontrahent eines Termingeschäfts vor
dem Ablauf der Erfüllungszeit die verkaufte Waare von
einem Dritten, oder verkauft der eine Kontrahent eines
Termingeschäfts vor dem Ablauf der Erfüllungszeit die ge-
kaufte Waare an einen Dritten, so kann die unter Benutzung
der bestehenden Liquidationseinrichtungen vorgenommene
Scontration für und gegen ihn Ansprüche auf die Differenz
zwischen den vereinbarten Kaufpreisen und dem Liquidations-
preise bestehen lassen.

Der letztgenannten Art gehören bei Weitem die meisten
aus dem internen Börsenverkehr erwachsenden Differenzansprüche an.

Diese Gruppe der Differenzansprüche wird von der Erörterung gänzlich ausgeschlossen, hauptsächlich deshalb, weil
sich mir hinsichtlich ihrer rechtliche Bedenken bisher nicht

ergeben haben, nebenbei auch deshalb, weil solche Differenz=
ansprüche nur selten zur Kognition ordentlicher Gerichte ge=
langen.

Auf die unter 1. und 2. bezeichnete Weise werden
Differenzansprüche zwischen Börsenfirmen und Börsenexternen
begründet. Die Differenzansprüche der erstgedachten Art
sollen einer eingehenden Untersuchung auf ihre gemeinrecht=
lichen Voraussetzungen unterzogen werden; von den Diffe=
renzansprüchen der zweiten Art soll im Schlußkapitel die
Rede sein.

Die hiernach vorzugsweise in Betracht kommenden Termin=
geschäfte zwischen Börsenfirmen und Börsenexternen entstehen
zu einem großen Theil dadurch, daß die Kommissionäre regel=
mäßig[2]) von der Befugniß Gebrauch machen, die Güter,
welche sie einkaufen sollen, als Verkäufer zu liefern, oder
die Güter, welche sie zu verkaufen beauftragt sind, selbst zu
kaufen. Zahlreiche Termingeschäfte zwischen Börsenfirmen
und Börsenexternen werden aber auch ohne die Vermittelung
eines Kommissionsvertrags geschlossen, seitdem die Börsen=
firmen der Produktenbranchen Offerten („Anstellungen") zum
Kauf oder Verkauf von Terminwaaren durch ihre Agenten
an Börsenexterne gelangen lassen[3]).

Die Grundgedanken der vorliegenden Abhandlung habe
ich bereits vor drei Jahren in Conrad's Jahrbüchern für
Nationalökonomie und Statistik, 3. Folge, 1. Band in der
an dieser Stelle gebotenen Kürze angedeutet. Nachdem in=
zwischen die Börsen=Enquete=Kommission dankenswerthe Er=
mittelungen in der von mir angegebenen Richtung angestellt
hat, glaube ich nunmehr den gemeinrechtlichen Juristen die

---

2) Vgl. insbesondere die in den Anlagen zum Bericht der Börsen=
Enquete=Kommission mitgetheilte systematische Darstellung der Ge=
schäftsbedingungen von 21 Bankfirmen.

3) Vgl. insb. Grünwald u. Lilienthal, Zum Termin=
handel an der Berliner Produktenbörse (Berlin 1892) 14 ff.

folgenden Rechtsausführungen vorlegen zu können, ohne be=
fürchten zu müssen, daß ihre thatsächlichen Grundlagen sich
als unzuverlässig erweisen werden.

I.

Ist aus einem Termingeschäft auf Zahlung der Differenz
zwischen dem Vertragspreise und dem Börsenpreise der Er=
füllungszeit geklagt, so wird regelmäßig die Frage angeregt,
ob das Termingeschäft ein „reeller" Kaufvertrag oder ein
„Differenzgeschäft" war. Huldigt das Gericht der Meinung,
daß alle Termingeschäfte als reelle Kaufverträge zu betrachten
sind, so wird der Beklagte alsbald verurtheilt, da der Ab=
lauf der Erfüllungsfrist feststeht und die Erfüllung von Seiten
des Beklagten nicht behauptet wird. Zu einer Beweis=
erhebung kommt es nur dann, wenn das Gericht annimmt,
daß ein von dem Kontrahenten wirklich gewollter Kauf=
vertrag ungiltig sein kann, weil ihre Absicht auf einen „vom
Gesetz perhorrescirten Erfolg" [4] gerichtet war. Bekennt sich
dagegen das Gericht zu der Ansicht, daß nicht alle Termin=
geschäfte reelle Kaufverträge sind, so wird zunächst Beweis
darüber erhoben, ob die Kontrahenten die Verpflichtung
zu realer Erfüllung ausschließen wollten, oder ob wenigstens
einer der Kontrahenten nicht die Absicht hatte, zu liefern
oder zu empfangen und den Kaufpreis zu zahlen und ob der
Mangel dieser Absicht dem anderen Kontrahenten bekannt
war oder bekannt sein mußte. Führen aber diese schwierigen
und zeitraubenden Ermittelungen nicht zu einem für den
Beklagten günstigen Ergebniß, so besteht kein Zweifel, daß
er verurtheilt werden muß. Es ist mir kein Urtheil be=
kannt geworden, das auf eine Beweiserhebung darüber Be=
zug nähme, wie sich der Kläger zur Erfül=
lungszeit verhalten hat.

4) K o h l e r , Das Börsenspiel (Sonderabdruck aus der Wochen=
schrift für Aktienrecht und Bankwesen) S. 24.

Demgegenüber ist zu behaupten und zu beweisen: Auch wenn ein giltiges Termingeschäft vorliegt, wird der eine Kontrahent dadurch allein, das er nicht erfüllt hat, zur Zahlung der Differenz nicht verpflichtet; immer muß, damit ein Differenzanspruch erwachse, ein im Folgenden zu bestimmendes Verhalten des anderen Kontrahenten zur Erfüllungszeit hinzukommen. Fehlt diese Voraussetzung, so ist die Untersuchung, ob das Termingeschäft giltig ist, überflüssig.

Selbstverständlich muß nach der derzeit allgemeinen Meinung diese Behauptung als praktisch bedeutungslos erscheinen. Daß die Börsenfirmen, welche auf Zahlung von Differenzen klagen, dasjenige versäumt haben sollten, was sie zur Erfüllungszeit behufs des Erwerbs von Differenzansprüchen thun mußten, scheint außerhalb des Bereiches der Möglichkeit zu liegen.

Diese Anschauung ist demnächst auf ihre Berechtigung zu prüfen; doch mag hier Folgendes vorweggenommen werden. Der Verkehr zwischen Börsenkaufleuten erzeugt, wie bereits bemerkt ist, nur selten Differenzansprüche wegen Nichterfüllung eines Termingeschäfts; die Differenzansprüche von Börsenfirmen gegen Börsenfirmen sind durchweg Ansprüche auf einen Rest des Kaufpreises; sie werden darauf begründet, daß die Waare durch einen Delegaten geliefert ist. Kommt aber ausnahmsweise ein Börsenkaufmann seinen Verpflichtungen aus einem Termingeschäft nicht nach, ohne für einen Substituten gesorgt zu haben, so würde der Gegner, welcher die Differenz als Schadenersatz wegen Nichterfüllung fordert, allerdings in den bei Weitem meisten Fällen leicht nachweisen können, daß er zur Erfüllungszeit das zur Begründung seines Anspruches erforderliche Verhalten beobachtet hat. Hinsichtlich des internen Börsenverkehrs ist — von ganz vereinzelten Ausnahmen[5]) abgesehen — die Aeußerung

---

5) Vgl. die Mittheilung des Senatspräsidenten am Reichsgericht Dr. Wiener, Stenogr. Ber. d. Börsen-Enquete-Kommission 968/969.

eines von der Börsen-Enquete-Kommission vernommenen Sachverständigen⁶) sicherlich richtig, daß die von mir behandelten Differenzansprüche solcher Personen, welche ihrerseits zur Erfüllungszeit nicht das Erforderliche gethan haben, überhaupt nicht vorkommen.

Anders aber dürfte über die Differenzansprüche zu urtheilen sein, welche wegen Nichterfüllung der z w i s c h e n B ö r s e n f i r m e n u n d B ö r s e n e x t e r n e n geschlossenen Termingeschäfte erhoben werden. Es wird nachzuweisen sein, daß solche Differenzansprüche wohl zu der Untersuchung Veranlassung geben können, ob die Kläger zur Erfüllungszeit das Verhalten beobachtet haben, welches das geltende Recht zur Voraussetzung der Differenzansprüche wegen Nichterfüllung macht.

II.

Art. 357 des H.-G.-B. ergiebt, daß der Terminkäufer als Schadensersatz wegen Nichterfüllung die Differenz fordern darf. Wann dem Terminkäufer ein Anspruch auf Schadensersatz wegen Nichterfüllung zusteht, ist aus Art. 355 zu entnehmen, auf welchen Art. 357 mit den Worten: „Der Käufer sowie der Verkäufer kann d i e R e c h t e , w e l c h e i h m g e m ä ß A r t . 3 5 4 o d e r 3 5 5 z u s t e h e n , nach seiner Wahl ausüben" verweist.

Art. 355 bestimmt, daß dem Käufer ein Anspruch auf Schadensersatz wegen Nichterfüllung zusteht, w e n n d e r V e r k ä u f e r m i t d e r U e b e r g a b e d e r W a a r e i m V e r z u g e i s t .

Der Terminkäufer ist also berechtigt, die Differenz zu fordern, wenn der Terminverkäufer mit der Uebergabe der Waare im Verzuge ist.

Dem Terminverkäufer versagt das Handelsgesetzbuch einen Differenzanspruch unter entsprechender Voraussetzung,

---

⁶) Stenogr. Ber. 621.

nämlich wenn der Käufer mit der Zahlung des Preises im
Verzuge ist. Vielmehr hat der Terminverkäufer behufs Fest=
stellung seines Schadenersatzanspruchs die Waare im Selbst=
hilfeverkauf unter Beobachtung der Vorschriften des Art. 343
Abs. 2 zu verkaufen. Ein bei den Berathungen der Nürn=
berger Konferenz gestellter Antrag, den Verkäufer zur Liqui=
dation seines Schadens ohne die Vornahme eines Selbst=
hilfeverkaufs zu ermächtigen, wurde abgelehnt[7]). Daß aber
die Kontrahenten dem Verkäufer durch Vereinbarung die
Befugniß verschaffen können, Schadenersatz ohne Selbst=
hilfeverkauf zu beanspruchen, wenn der Käufer mit der
Zahlung des Preises in Verzug gerathen ist, wurde in der
Konferenz nicht bezweifelt[8]). In der That ist nicht abzu=
sehen, warum eine solche Vereinbarung — wenigstens im
Gebiete des gemeinen Rechts — der Wirksamkeit entbehren
sollte; es ergiebt sich auch aus dem gemeinen Recht kein
Bedenken dagegen, daß die Kontrahenten eines Fixgeschäfts
dem Verkäufer durch Vereinbarung das Recht gewähren
können, bei Zahlungsverzug des Käufers die Differenz zu
fordern. Da die Termingeschäfte der meisten Börsenplätze
diese Vertragsbestimmung enthalten, soll im Folgenden die
Abmachung, daß der Verkäufer bei Zahlungsverzug des
Käufers die Differenz beanspruchen dürfe, als Theil des zur
Untersuchung gestellten Termingeschäfts behandelt werden.

Auf die Frage, wann Lieferungsverzug des Verkäufers
oder Zahlungsverzug des Käufers vorliegt, antwortet das
Handelsgesetzbuch nicht. Die Nürnberger Konferenz hat einen
Antrag, nach dem das Handelsgesetzbuch Bestimmungen über
die Voraussetzungen des Verzuges aufnehmen sollte, in der
Erwägung abgelehnt, daß eine gemeinsame Regelung des
Verzuges rücksichtlich der Voraussetzungen seines Eintritts
für das Handelsrecht unausführbar sei und bei der Ver=

---

7) Protok. S. 4597.
8) Protok. S. 5084, 5085, 5087.

schiedenheit der bürgerlichen Gesetzgebungen zu unlösbaren Verwickelungen führen würde[9]).

Da das Handelsgesetzbuch keine Bestimmungen über die Voraussetzungen des Verzugs enthält[10]), kommen in dieser Beziehung die Handelsgebräuche und in deren Ermangelung die Vorschriften des allgemeinen bürgerlichen Rechts in Betracht[11]). Außerdem können die Voraussetzungen des Verzuges von den Vertragschließenden durch Vereinbarungen geregelt werden, die nach dem Handelsgesetzbuch oder, sofern dieses keine Bestimmungen ergiebt, nach Handelsgebrauch oder in dessen Ermangelung nach dem allgemeinen bürgerlichen Recht giltig sind.

Ob Handelsgebräuche bestehen, welche für die Voraussetzungen des Verzugs oder wenigstens der hier in Betracht kommenden Verzugswirkungen maßgebend sind, wird an späterer Stelle (XVII) untersucht werden; ebenso ist demnächst (XIV—XVI) zu erörtern, ob das Termingeschäft mit giltigen Vereinbarungen über die Voraussetzungen des Verzugs oder wenigstens des Differenzanspruchs verknüpft ist.

Zuvor muß die Frage beantwortet werden, wie sich nach den gemeinrechtlichen Vorschriften der eine Kontrahent zur Erfüllungszeit zu verhalten hat, wenn der andere Kontrahent in Erfüllungsverzug versetzt werden soll. Doch darf diese Frage mit Rücksicht auf den Zweck der Untersuchung eingeschränkt werden.

Die Termingeschäfte stellen sich als Kaufverträge[12]) Zug

---

9) Protok. S. 4605; vgl. Lamprecht, Verzug bei dem Kauf, im Archiv f. Theorie u. Praxis d. allg. deutsch. Handels- u. Wechselrechts. N. F. 1, S. 27 ff.

10) Vgl. Regelsberger in Endemann's Handb. d. Handelsr. II S. 505.

11) H.-G.-B. Art. 1.

12) Vgl. Art. 338 H.-G.-B.

um Zug dar [13]); demgemäß sollen nur Kaufverträge dieser einfachsten Art in Betracht gezogen werden.

Die Termingeschäfte sind ferner sämmtlich Fixgeschäfte [14]). Deshalb brauchen Kaufverträge ohne Erfüllungstermin nicht berücksichtigt zu werden; deshalb braucht auch von der Mahnung als einer Voraussetzung des Erfüllungsverzugs nicht die Rede zu sein, da die Geltung des Satzes dies interpellat pro homine in Bezug auf Fixgeschäfte außer Zweifel ist [13]).

Ob die Eigenthümlichkeit der Fixgeschäfte, daß der in Verzug gerathene Kontrahent dem anderen Kontrahenten nachträgliche Erfüllung nicht aufdringen und zumuthen darf, einen Einfluß auf die Voraussetzungen des Erfüllungsverzugs ausübt, soll erst unter IX. erörtert werden. Zunächst ist die Frage zu beantworten, welches Verhalten der eine Kontrahent eines Kaufvertrages, der Zug um Zug zu einer bestimmten Zeit erfüllt werden soll, zu beobachten hat, damit der andere Kontrahent in Erfüllungsverzug versetzt werden könne. Zur Vereinfachung der Darstellung wird angenommen, daß nach den Bestimmungen des Kaufvertrages die Erfüllungszeit durch einen bestimmten Glockenschlag an einem bestimmten Tage bezeichnet werden soll.

III.

Der Artikel 342 Abs. 3 des Handelsgesetzbuchs bestimmt, daß regelmäßig der Kaufpreis bei der Uebergabe zu entrichten ist.

---

13) Vgl. G. Hahn, Die Bedingungen für den Effektenhandel der wichtigsten deutschen Fondsbörsen (Berliner Inauguraldissertation 1891) S. 21 und die in Goldschmidt's Zeitschrift für Handelsrecht abgedruckten Bedingungen der Produktenbörsen.

14) Vgl. die Börsenbedingungen a. a. O.

15) Vgl. z. B. Entscheid. d. R.-O.-H.-G. XI, S. 85.

Soll Jemand eine Handlung gleichzeitig mit der Handlung eines Anderen vornehmen, so braucht er sie nicht eher
zu bewirken, als der Andere Alles gethan hat, was erforderlich ist, um seine Handlung möglich zu machen.

Die Uebergabe der Waare ist nicht möglich, wenn der
Verkäufer sich nicht zuvor in den Stand gesetzt hat, durch
Tradition über sie zu verfügen; die Zahlung des Kaufpreises
ist nicht möglich, wenn der Käufer sich nicht zuvor die erforderliche Geldsumme zu diesem Zwecke zur Disposition gestellt hat; die Zahlung bei der Uebergabe ist nicht möglich,
wenn die Kontrahenten oder ihre Vertreter nicht vorher zu
einander gekommen sind.

Der Artikel 342 enthält danach folgende Bestimmungen:

Der Käufer ist nicht früher verpflichtet, den Kaufpreis
zu entrichten, als der Verkäufer Alles gethan hat, was er
thun mußte, um die Waare übergeben zu können, und: der
Verkäufer ist nicht früher verpflichtet, die Waare zu übergeben, als der Käufer Alles gethan hat, was er thun mußte,
um den Kaufpreis entrichten zu können; oder kürzer: kein
Kaufkontrahent ist verpflichtet, seine Leistung zu vollziehen,
bevor der andere Kontrahent alle Vorbereitungshandlungen
vorgenommen hat, welche erforderlich sind, damit er seine
Leistung vollziehen könne.

Damit ist der Zeitpunkt bestimmt, vor dem Keiner der
Kontrahenten in Erfüllungsverzug gerathen kann. Denn
die mora solvendi beginnt nicht, ehe der Schuldner zu so-
fortiger Leistung verpflichtet ist.

In Uebereinstimmung damit sagt Papinian[16]): Mora

---

16) Fr. 3 § 4 de A. E. V. 19, 1; vgl. Stegemann, Rechtsprechung des Oberhandelsgerichts III, S. 2: . . . . „während die
im Art. 342 H.-G.-B. vorgeschriebene Entrichtung des Kaufpreises
bei der Uebergabe nur das gemeinrechtliche Prinzip der Zahlung
Zug um Zug ausdrückt, folglich des Verkäufers Verzug in der
Uebergabe des Kaufobjekts ohne die Bereitheit des Käufers zu
gleichzeitiger Zahlung des Kaufpreises nicht eintreten kann“.

(emptoris) videtur esse, si nulla difficultas venditorem impediat, quominus traderet, praesertim si omni tempore paratus fuit tradere.

Ob man annimmt, daß vor diesem Zeitpunkt ein Anspruch auf Erfüllung überhaupt nicht bestehe oder der herrschenden Meinung huldigt, daß erst mit diesem Zeitpunkt der durch den Vertrag begründete Anspruch von der exceptio non adimpleti contractus befreit werde[17]), ist in dieser Beziehung belanglos; auch der einer exceptio ausgesetzte Anspruch ist ungeeignet, den Verzug des Schuldners zu begründen: non enim in mora est is, a quo pecunia propter exceptionem peti non potest[18]).

Von den Ausnahmen, die gemäß Artikel 342 Abs. 3 dadurch begründet werden können, daß einer der Kontrahenten zur Vorleistung verpflichtet wird, braucht nicht gesprochen zu werden, weil hier nur Kaufverträge Zug um Zug berücksichtigt werden sollen[19]). Da häufig im Sprachgebrauch Kaufverträge, welche den einen Theil zur Vorleistung, den anderen aber zur sofortigen Nachleistung verpflichten, mit den Kaufverträgen Zug um Zug im Sinn der Regel des Artikels 342 zusammengeworfen werden[20]), mag ausdrücklich hervorgehoben werden, daß hier unter einem Kauf Zug um Zug nur ein Kauf verstanden wird, der weder nach dem Inhalt des Vertrages noch nach dessen Natur

---

17) Vgl. u. A. Puntschart, Die fundamentalen Rechtsverhältnisse S. 207; Ryck, Schuldverhältnisse S. 315; André, Einrede des nicht erfüllten Vertrages S. 22 ff.

18) Fr. 40 de reb. cred. 12, 1 (Paulus); Kniep, Die Mora des Schuldners, erklärt es zwar (I S. 9) für unzulässig, diese Stelle auf eine „technische“ Mora zu beziehen, erkennt aber (I S. 429) an, daß in diesem Punkte die „technische“ Mora nicht von schwächeren Voraussetzungen abhängig ist, als die „vulgäre“.

19) Vgl. oben S. 161.

20) Vgl. über den Gegensatz des Kaufs Zug um Zug und des Kaufs „Zahlung Kassa“ das Urtheil des Reichsgerichts in Seuff. Archiv XLIX 110.

noch nach Handelsgebrauch) einen Kontrahenten zur Vorleistung verpflichtet.

Wohl aber ist zu fragen, ob bei Kaufverträgen dieser Art besondere Umstände Ausnahmen von dem Grundsatz bewirken können, daß ein Kaufkontrahent nur in Erfüllungsverzug gerathen kann, nachdem der andere Kontrahent Alles gethan hat, was erforderlich war, um den Vollzug seiner Leistung möglich zu machen.

Solche Ausnahmen können sich nicht allein aus Gesetzen und Gewohnheitsrechten, sondern auch aus der bona fides, die den Kauf beherrscht, und der aequitas ergeben, auf welche die römischen Juristen die Beurtheilung der Voraussetzungen des Verzuges selbst bei stricti iuris negotia begründet wissen wollen [21]).

Ehe versucht werden kann, die bezeichnete Frage zu beantworten, muß auf das Verhältniß hingewiesen werden, in welchem beim Kauf Zug um Zug der Erfüllungsverzug zum Annahmeverzug steht.

Auch die mora creditoris setzt voraus, daß der Schuldner alles dasjenige gethan hat, was von seiner Seite zu thun war, damit die Schuld getilgt werden könne [22]). Damit der

---

21) Vgl. Marcian in fr. 32 pr. de usur. 22, 1: Divus quoque Pius Tullio Balbo rescripsit: an mora facta intelligatur, neque constitutione ulla, neque iuris auctorum quaestione decidi posse, cum sit magis facti quam iuris; Paulus in fr. 91 § 3 de V. O. 45, 1: et Celsus adolescens scribit eum, qui moram fecit in solvendo Sticho quem promiserat, posse emendare eam moram postea offerendo: esse enim hanc quaestionem de bono et aequo: in quo genere plerumque sub auctoritate iuris scientiae perniciose, inquit, erratur. et sane probabilis haec sententia est, quam quidem et Julianus sequitur: nam dum quaeritur de damno et par utriusque causa sit, quare non potentior sit qui teneat, quam qui persequitur? Vgl. Entsch. d. Reichsgerichts XIV S. 108.

22) Vgl. insb. Kohler, Annahme und Annahmeverzug in Jahrb. f. Dogmatik XVII S. 400; Entscheid. d. Reichsgerichts X S. 98; v. Schey, Begriff und Wesen der mora creditoris S. 109.

Verkäufer in Annahmeverzug gerathe, muß also der Käufer alle die Handlungen vornehmen, welche zur Vorbereitung des Zahlungsakts erforderlich sind; damit der Käufer in Annahmeverzug versetzt werde, muß der Verkäufer alles ge= than haben, was er zu thun hatte, um die Waare ver= traggemäß übergeben zu können. Bei Kaufverträgen Zug um Zug sind demnach der Annahmeverzug und der Erfül= lungsverzug von einer gleichen Voraussetzung abhängig. Ein Kaufkontrahent kann den anderen nur in Erfüllungsverzug versetzen, wenn er dasselbe thut, was er thun muß, um den Annahmeverzug desselben zu begründen.

Dagegen kann nicht, wie zuweilen geschieht[23]), als ein Grundsatz des gemeinen Rechts anerkannt werden, daß bei Kaufverträgen Zug um Zug der Erfüllungsverzug durch den Annahmeverzug begründet werde, indem dieser die exceptio non adimpleti contractus ausschließe. Diese Ansicht stützt sich vornehmlich[24]) darauf, daß fr. 135 § 2 de V. O. 45, 1[25]) als synonym mit der Bezeichnung: paratum esse pecuniam

---

23) Vgl. F. Mommsen, Beiträge zum Obligationenrecht III S. 303; Kohler, Annahme und Annahmeverzug in Jahrb. f. Dogmatik XVII S. 386; Windscheid, Lehrb. des Pandetten= rechts[7] § 346; auch André, Einrede des nicht erfüllten Vertrages S. 139 ff.; Seuff. Archiv XLII 289.

24) Vgl. auch fr. 9 § 5 de pign. act. 13, 7.

25) Seia cavit Lucio Titio, quod mandante eo hortos emisset, cum pretium omne cum usuris ab eo recepisset, se in eum pro- prietatem hortorum translaturam: deinde in continenti inter utrum- que convenit, ut intra Kalendas Apriles primas universam summam mandator numeraret et hortos acciperet. quaeritur, cum ante Ka- lendas Apriles non omne pretium cum usuris a Lucio Titio Seiae solutum sit, interposito tamen modico tempore reliquum pretium cum usuris Seiae Titius solvere paratus fuerit neque Seia accipere voluit et usque in hodiernum per Titium non stet, quo minus reli- quum solveret, an nihilo minus Lucius Titius, si Seiae universam pecuniam solvere paratus sit, ex stipulatu agere possit. respondit posse, si non multo post obtulisset nec mulieris quicquam propter eam moram interesset: quod omne ad iudicis cognitionem remit- tendum est.

solvere das Wort offerre gebraucht, also das Wort, das
man vielfach für das Stichwort des Annahmeverzuges hält.
Man argumentirt: Lucius Titius kann nach dem Vertrage
die Uebereignung der Gärten nur fordern, wenn er der Seia
den Kaufpreis erstattet hat. Es soll genügen, wenn er die
Geldsumme „offerirt" hat. Durch „Oblation" wird der
Annahmeverzug begründet. Es ergiebt sich daraus: eine
Leistung, die nach dem Vertrage erst beansprucht werden
durfte, nachdem eine Gegenleistung erfolgt war, kann ohne
Weiteres gefordert werden, wenn die Gegenleistung offerirt,
also bezüglich ihrer Annahmeverzug hergestellt ist. Es ist
demnach der Annahmeverzug, welcher die Berufung der Seia
darauf ausschließt, daß die Gegenleistung nicht vollzogen ist.
Da offerre gleichbedeutend mit paratum esse solvere gebraucht wird, muß auch in fr. 4 § 3 de A. E. V. 19, 1[26])
das paratum esse tradere mit offerre übersetzt werden.
Offerre bedeutet: in Annahmeverzug versetzen; deshalb sagt
diese Stelle wie fr. 13 § 8 eod., daß der Erfüllungsverzug
des Käufers durch dessen Annahmeverzug begründet werde.
Der Erfüllungsverzug tritt nicht ein, so lange die Forderung
mit einer exceptio behaftet ist; deshalb beweisen beide Fragmente, daß der Annahmeverzug die exceptio non adimpleti
contractus aufhebt. Um festzustellen, ob ein Kontrahent
eines Kaufvertrages Zug um Zug in Erfüllungsverzug gerathen ist, muß man danach ermitteln, ob er durch gehörige
Oblation in Annahmeverzug versetzt ist[27]).

Schon v. Madai[28]) hat gegen diese damals von Glück
und Thibaut vertretene Meinung bemerkt: „Allein auch
hier dürfte die schon oben gerügte Verwechselung stattfinden,
und als eigenthümliche Wirkung der Mora creditoris angegeben sein, was doch eigentlich Folge der von dem Debitor

---

26) Oben S. 163.
27) Vgl. André a. a. O.
28) Die Lehre von der Mora S. 465.

gehörig geschehenen Oblation ist. Die exceptio non adimpleti contractus kann nur dem entgegengesetzt werden, der,
während er auf Erfüllung des Vertrages gegen seinen Mit=
kontrahenten klagt, seinerseits die ihm obliegende Verbind=
lichkeit weder erfüllt, noch sich zur Erfüllung bereit erklärt
hat. Hat der Debitor die Erfüllung gehörig offerirt, so
fällt von selbst die Grundbedingung der seiner Klage ent=
gegengestellten exceptio non adimpleti contractus, und da=
mit diese exceptio selbst, weg. Wäre nun dieses Wegfallen
lediglich Folge der Mora des Gläubigers, so müßte noth=
wendig jene exceptio für zulässig erklärt werden, wo der
Debitor seinerseits zwar gehörig offerirt, aber gleichwohl da=
durch wegen besonderer Hindernisse in der Person des
Gläubigers eine Mora desselben nicht begründet hat." Ins=
besondere — darf hinzugefügt werden — müßten die An=
hänger der Meinung, daß nur die schuldhafte Nichtannahme
in Annahmeverzug versetze, den Erfüllungsverzug bei funk=
tionell-synallagmatischen Kaufverträgen nur unter der gleichen
Voraussetzung eintreten lassen. Wenn sie in dieser Beziehung
eine Ausnahme gelten lassen wollen[29]), so wäre für diese
Ausnahme ein besserer Beweis zu verlangen als ihn einige
die Miethe betreffende Quellenstellen gewähren.

Inzwischen ist erkannt worden, daß die römischen Juristen,
indem sie von dem offerre als einer Voraussetzung der mora
creditoris sprechen, damit nicht einen neuen, für alle Arten
von Obligationen maßgebenden Grundsatz aufzustellen be=
absichtigen, sondern nur bei den im Alterthum mehr als
gegenwärtig überwiegenden Bringschulden eine Folgerung aus
dem Grundsatz ziehen wollen: der Schuldner muß, um den
Gläubiger in Verzug zu setzen, alles thun, was geschehen
muß, wenn die vertragsmäßige Erfüllung ermöglicht werden
soll. Ist damit der Glaube erschüttert, daß die „Oblation"

---

29) Windscheid Lehrb. d. Pandektenrechts[7] § 345, A. 11.
André a. a. O. S. 141.

das charakteristische Requisit jedes Annahmeverzuges sei, so wird nun auch die Meinung, daß überall, wo von einem offerre die Rede ist, auf den Annahmeverzug hingewiesen werde, von Neuem in Zweifel gezogen werden dürfen. Es liegt kein Zeugniß dafür vor, daß der Erfüllungsverzug bei Kaufverträgen Zug um Zug den Annahmeverzug zur Voraussetzung habe und daß dieser die exceptio non adimpleti contractus beseitige. Aus fr. 3 § 4 cit. ist nur zu entnehmen: Ein Kaufkontrahent kann den anderen erst dann in Erfüllungsverzug versetzen, wenn er alles gethan hat, was erforderlich ist, um Waare oder Preis vertraggemäß übergeben zu können. Daß er auch dann, wenn er zu diesem Zwecke seine Leistung nicht zu bringen oder seine Erfüllungsbereitschaft nicht zu erklären brauchte, eine Real- oder Verbaloblation vornehmen müsse, darf auch von Denen nicht angenommen werden, welche an der Real- oder Verbaloblation als einer Voraussetzung des Annahmeverzuges festhalten[30]). Dem Annahmeverzug und dem Erfüllungsverzug bei Kaufverträgen Zug um Zug ist zwar eine wesentliche Voraussetzung gemeinsam, der eine kann aber ohne den anderen eintreten, weil der eine von weiteren Voraussetzungen unabhängig ist, die für den anderen bestehen[31]).

Ist danach zur Herstellung des Erfüllungsverzuges bei Kaufverträgen Zug um Zug nicht mehr zu verlangen als das zur Vorbereitung der Uebergabe erforderliche Verhalten, selbst wenn zur Herstellung des Annahmeverzuges weitere Handlungen nöthig sein sollten, so darf auch nicht ohne Weiteres vorausgesetzt werden, daß genau dieselben Umstände,

---

30) Z. B. Brinz, Lehrb. der Pandekten² § 275, II 1, S. 311.

31) Dernburg, Pandekten³ II § 40, hat richtig unter der Ueberschrift „Verzug des Schuldners" ohne Bezugnahme auf den Annahmeverzug, aber freilich auch ohne Begründung den Satz ausgesprochen: „Bei zweiseitigen Geschäften, welche Zug um Zug zu erfüllen sind, hat, wer den Gegentheil in Verzug setzen will, den Austausch der Leistungen seinerseits anzubieten".

welche etwa die Anforderungen an das Verhalten desjenigen einschränken, der den anderen Kontrahenten in Annahmeverzug versetzen will, auch bei der Beurtheilung des Erfüllungs= verzuges in Betracht kommen. Dennoch wird es sich em= pfehlen, auf die Voraussetzungen des Annahmeverzuges Rücksicht zu nehmen, weil dieselben Fragen, wenn auch nicht dieselben Antworten, sich hinsichtlich der zur Begründung des Annahmeverzuges wie des Erfüllungsverzuges erforderlichen Erfüllungsbereitschaft ergeben müssen.

Fragen wir nun nach den Umständen, welche die An= wendung des bezeichneten Rechtssatzes ausschließen oder etwa seine Einschränkung herbeiführen könnten, so ist zu= vor zu bemerken, daß die Bestimmung des Artikels 342 des H.=G.=B. nöthig macht, daß entweder einer der Kon= trahenten (oder sein Vertreter) zum anderen (oder seinem Vertreter) kommt, um ihm zu übergeben und sich von ihm übergeben zu lassen, oder beide Kontrahenten sich zur Be= wirkung des Austausches an einen vereinbarten Ort begeben. Die letztere Gestaltung darf mit Rücksicht auf den Zweck der Untersuchung außer Betracht gelassen werden; die erstere ist zu erörtern. Die Frage, ob der Verkäufer oder der Käufer kommen muß, braucht nicht besprochen zu werden. In Er= mangelung von Vereinbarungen über diesen Punkt (die bei Termingeschäften nicht fehlen), würden darüber die Artikel 324 Abs. 1, 325 und 342 des H.=G.=B. entscheiden.

Es sei gestattet, den Kontrahenten, welcher zum anderen Kontrahenten zu bringen und von ihm zu holen hat, als den „kommpflichtigen" Theil, den Kontrahenten, welcher bei sich zu geben und zu nehmen hat, als den „erwartungs= pflichtigen" Theil zu bezeichnen. Erfüllungsbereit soll ein Kontrahent genannt werden, wenn er Alles gethan hat, was er thun mußte, um den Gegenstand seiner Leistung (Waare oder Preis) vertraggemäß übergeben zu können.

Es fragt fich nun:

1. Giebt es Fälle, in denen der e r w a r t u n g s = p f l i c h t i g e Theil den anderen Kontrahenten in Er= füllungsverzug verfetzt, ohne erfüllungsbereit zu fein?

2. Giebt es Fälle, in denen der k o m m p f l i c h t i g e Theil den anderen Kontrahenten in Erfüllungsverzug ver= fetzt, ohne erfüllungsbereit zu fein?

Die erfte Frage foll unter IV—VII, die zweite unter VIII befprochen werden.

IV.

Aus zahlreichen Entfcheidungen des Reichsoberhandels= und des Reichsgerichts und mehrfachen Erörterungen in der Literatur find die Kaufverträge unter Vorbehalt der Spezi= fikation bekannt. Ziemlich allgemein ift anerkannt, daß der Käufer in A n n a h m e verzug gerathen kann, auch wenn der Verkäufer keine Waare zur Uebergabe bereit hat, näm= lich dann, wenn ihm der Käufer die näheren Beftimmungen über die Befchaffenheit der Waare („Partikulars") nicht hat zukommen laffen. In diefem Falle kann nach der Meinung der Meiften der Käufer in Annahmeverzug gerathen, obwohl der Verkäufer gewiffe Handlungen unterlaffen hatte, die der Uebergabe des Kaufobjekts hätten vorhergehen müffen. Es find diejenigen Handlungen, welche der Verkäufer an dem zum Lieferungsgegenftand gewählten Stoff vor der Mit= theilung des Käufers nicht vornehmen k o n n t e. Aber eben auch nur von denjenigen Vorbereitungshandlungen, die vor dem Eingang des „Partikulars" an dem Lieferungsobjekt nicht vorgenommen werden k o n n t e n, die alfo der Käufer felbft durch fein Verhalten dem Verkäufer unmöglich gemacht hat, ift bei der Frage nach den Vorausfetzungen des An= nahmeverzuges abzufehen. Das Reichsgericht hat[32]) betont,

---

32) Entfcheid. X S. 99.

daß der Käufer in Annahmeverzug nur gerathe, wenn der Verkäufer den vertragsmäßigen Stoff, sei es in den verschiedenen in Betracht kommenden Formen verarbeitet, oder als Rohstoff zu seiner Verfügung habe und wenn im letzteren Falle Vorkehrungen getroffen seien, daß der Rohstoff alsbald in die verschiedenen Formen, auf welche die Spezifikation gerichtet werden darf, gebracht werden könne, was, wo ein fortlaufender Fabrikbetrieb des Verkäufers stattfindet, zu vermuthen sei.

Ist die bezeichnete Ausnahme von dem Grundsatz, daß der Annahmeverzug die Erfüllungsbereitschaft des Schuldners voraussetzt, nicht unbestritten geblieben, so ist gegen die Meinung, daß der Verkäufer den die Spezifikation versäumenden Käufer in E r f ü l l u n g s verzug versetzen könne, ohne daß er das Kaufobjekt (die gemäß den Partikulars herzustellende Waare) zur Uebergabe fertig gestellt hätte, m. W. kein Widerspruch geäußert worden. Dafür hat sich auch das neuere Erkenntniß des Reichsgerichts[33]) ausgesprochen, welches den Eintritt des Annahmeverzuges als zweifelhaft hinstellt. „Der Verzug mit der Z a h l u n g beginnt dagegen mit dem Verzuge in Vornahme der Spezifikation, sodaß von da an der Käufer die durch die später vorgenommene Spezifikation festgestellte Kaufpreisschuld zu verzinsen hat. Es kann dem Käufer nicht zustehen, durch willkürliche Hinausschiebung der Spezifikation auch die Zahlung ungerechtfertigt zu verzögern. Das Verhältniß ist ähnlich demjenigen eines zur Rechnungsablage Verpflichteten zu beurtheilen; auch dieser kann nicht durch ungegründete Weigerung der Feststellung seiner Schuld deren Verzinslichkeit über den Zeitpunkt hinaus verschieben, zu welchem seine Verbindlichkeit zur Rechnungsstellung fällig und er hierzu aufgefordert worden ist."

---

33) Entscheid. XXIX S. 18.

Aehnliche Fälle kommen in großer Zahl vor. Wenn der Schneider die bestellten Kleidungsstücke zu einer bestimmten Zeit gegen Zahlung liefern sollte, aber verabredet war, daß er sie erst nach erfolgter Anprobe fertig stellen sollte, so wird man nicht zweifeln, daß der Besteller in Zahlungsverzug gerathen kann, obwohl der Schneider die Kleidungsstücke nicht zur Uebergabe fertiggestellt hat, weil der Besteller nicht zur Anprobe erschien. Ebenso sicher aber dürfte sein, daß der Schneider, um den Besteller in Annahmeverzug zu versetzen, alle Vorbereitungen zur Anprobe getroffen haben mußte.

Wenn der Verkäufer vor dem Erfüllungstermin dem Käufer mittheilen sollte, in welchen Geldsorten oder Wechseln dieser den Kaufpreis zu berichtigen habe, so geräth der Ver= käufer in Erfüllungsverzug, auch wenn der Käufer nicht Geldsorten und Wechsel aller Art bereit hielt, wenn er nur das Geld hatte, sich die vom Verkäufer bezeichneten Münzen oder Wechsel anzuschaffen.

Ebenso ist zu urtheilen, wenn der Verkäufer die Waare, welche er bei sich liefern sollte, in den vom Käufer zu stellenden Säcken, Fässern u. s. w. übergeben sollte. Der Käufer kann in Erfüllungsverzug versetzt werden, wenn der Verkäufer nur die Waare zur Einfüllung in die Säcke oder Fässer bereit liegen hatte.

Es ergiebt sich danach folgender Grundsatz: Ist ein Kaufkontrahent zur Lieferung oder Zahlung nur verpflichtet, nachdem der andere Kontrahent eine durch den Vertrag be= stimmte Handlung vorgenommen hat, so geräth der letztere, wenn er diese Handlung unterlassen hat, in Erfüllungsverzug, ohne daß der erstere diejenigen Vorbereitungshandlungen vor= genommen hat, welche erst nach der Handlung des Gegners geschehen konnten.

Dürfte man sagen, daß die Kontrahenten, indem sie einen Kaufvertrag Zug um Zug abschließen, die Erfüllungs= bereitschaft des einen Theils zur Bedingung des Erfüllungs=

verzugs des anderen Theils machen, so wäre der bezeichnete
Grundsatz auf die römische Vorschrift zurückzuführen: Tunc
demum pro impleta habetur condicio, cum per eum
stat, qui si impleta esset, debiturus erat[34]). Die Absicht,
durch die Unterlassung der eigenen Handlung die Erfüllungs=
bereitschaft des Gegners unmöglich zu machen und damit den
eigenen Erfüllungsverzug abzuwehren[35]), würde schwerlich
ermangeln. Wenn aber auch in diesem Punkte die condicio iuris der gewillkürten Bedingung nicht gleichzustellen
ist[36]), so kann doch zu Gunsten des aus der bona fides
abgeleiteten Grundsatzes die Analogie jener Vorschrift an=
gerufen werden. Auch das bekannte fr. 1 § 3 de per. et
comm. 18, 6[37]) wäre zur Unterstützung heranzuziehen, wenn
mit Sicherheit angenommen werden könnte, daß unter dem
admetiri ein Akt zu verstehen sei, der vertragsmäßig der
Tradition v o r h e r g e h e n sollte[38]). Es mag dabei hervor=
gehoben werden, daß demjenigen Theil, welcher den anderen
in Verzug setzen will, nur solche Handlungen erspart blieben,
welche er erst nach der Handlung des anderen zwecks Her=
stellung seiner Erfüllungsbereitschaft vornehmen konnte[39]).
Ist vereinbart, daß der Verkäufer an einem bestimmten Tage
dem Käufer gegen Baarzahlung Garne oder Bretter von
derjenigen Qualität liefern solle, welche der Käufer aus
mehreren Qualitäten auswählen werde, so ist der Verkäufer,

---

34) Fr. 81 § 1 de cond. 35, 1; vgl. andere Quellenstellen bei
W i n d s c h e i d Lehrb. d. Pandektenrechts⁷ I § 92 a. E.

35) Vgl. fr. 38 de statul. 40, 7 und dazu Entscheid. d. Reichsger.
in S e u f f. Archiv XXXVI 179.

36) Vgl. R e g e l s b e r g e r, Pandekten I, S. 559.

37) U l p i a n: licet autem venditori vel effundere vinum, si
diem ad metiendum praestituit nec intra diem admensum est.

38) Vgl. J h e r i n g, Beiträge zur Lehre von der Gefahr beim
Kaufkontrakte in Jahrb. f. Dogmatik IV, S. 366 ff., insb. S. 390 f.;
W i n d s c h e i d, Lehrb. d. Pandektenrechts⁷ II, § 390 Anm. 8.

39) Das Reichsoberhandelsgericht hat (S e u f f. Archiv XXXII,
337) solche Handlungen als „kontraktlich unmöglich" bezeichnet.

um Erfüllungsverzug herstellen zu können, genöthigt, alle
zur Wahl stehenden Qualitäten zur Uebergabe bereit zu
halten, sofern nicht erhellt, daß der Käufer seine Wahl vor
der Erfüllungszeit erklären sollte.

V.

Das Reichsgericht hat ausgesprochen, daß der Käufer in
Abnahmeverzug gerathen könne, obwohl der Verkäufer gewisse
zur Vorbereitung der Uebergabe erforderliche Handlungen
nicht vorgenommen hatte, nämlich diejenigen Handlungen,
welche vernünftiger Weise erst dann vorgenommen werden
können, wenn die unmittelbare Abnahme durch den Käufer
sicher bevorsteht[40]). Da dieser Satz zu bedenklichen Folge-
rungen benützt werden könnte, ist es nothwendig, den Zusammenhang, in dem er auftritt, festzustellen. Eine Gewerk-
schaft hatte aus ihrer Zeche eine größere Anzahl Wagen
Kohlen verkauft, welche der Käufer bis zum Ende eines
bestimmten Monats abholen sollte. Es fragte sich, ob der
von der Verkäuferin vorgenommene Selbsthilfeverkauf durch
Abnahmeverzug des Käufers gerechtfertigt sei. Dabei kam
in Betracht, ob die Verkäuferin den Käufer in Abnahmeverzug setzen konnte, obwohl sie nicht das für den Käufer
bestimmte Quantum gefördert und ausgesondert hatte.
Das Reichsgericht hat hierzu bemerkt, ein Quantum aus
einem vorhandenen Vorrathe könne auch ohne vorgängige
Ausscheidung wirksam offerirt werden; der Ausscheidung stehe
die Förderung von Kohlen gleich, denn die Kohlen seien schon
als solche vorhanden, es bedürfe, um die verkaufte Quantität
auszuscheiden, nur einer einzigen, noch dazu schnell vorzunehmenden Handlung, und es sei wirthschaftlich unthunlich, die für die einzelnen Käufer bestimmten Quantitäten
schon längere Zeit vor der Abnahme zu fördern und ge-
sondert zu lagern.

---

40) Entscheid. V, S. 66.

Es ist nicht ausgeschlossen, daß versucht wird, aus diesen
Erwägungen und der auf sie gegründeten Entscheidung des
höchsten Gerichts folgende Konsequenz zu ziehen: Ein Ver=
käufer braucht, um den Käufer in Verzug zu setzen, die ver=
kaufte Waare nicht zu besitzen, wenn er nur in der Lage ist,
sie sich in kürzester Frist nach dem Erscheinen des komm=
pflichtigen Käufers zu verschaffen. Denn er würde unwirth=
schaftlich handeln, wenn er sich auf die Gefahr, daß der
Käufer nicht zum Holen und Zahlen kommen wird, die
Waare anschaffte, die zu erwerben er doch beim Eintreffen
des Käufers immer noch Zeit genug hatte.

Bedenken gegen diese Auffassung werden später geltend
zu machen sein; hier ist nur zu betonen, daß dieselbe an dem
angeführten Erkenntniß des Reichsgerichts keine Stütze findet.
Das Gericht hat als Prinzip hingestellt, daß der Käufer durch
Oblation nur in Abnahmeverzug versetzt werden könne, wenn
die Waare vorhanden sei und die Möglichkeit alsbaldiger
Tradition derselben vorliege. Es wird ausgeführt, daß unter
besonderen Umständen die letztere Anforderung ab=
geschwächt werden müsse. Mit keinem Worte aber wird an=
gedeutet, daß auch von dem ersteren Erforderniß abgesehen
werden dürfe, wenn seine Erfüllung als „wirthschaftlich un=
thunlich" erscheine.

Auch das vormalige Reichsoberhandelsgericht [41]) hat die
Ansicht kundgegeben, daß zur Herstellung des Abnahme=
verzuges und damit zur Rechtfertigung des Selbsthilfeverkaufs
die vorgängige Ausscheidung des verkauften Quantums aus
einem vorhandenen Vorrath nicht immer erforderlich sei;
allerdings setze Art. 343 voraus, „daß die Kaufwaare über=
gabebereit zur Verfügung des Verkäufers existirt"; aber es
müsse genügen, daß die Waare in dem Vorrath existent war,
wenn ihre Ausscheidung vor dem Selbsthilfeverkauf that=

41) S e u f f. Archiv XXXII, 337.

sächlich unthunlich war; dies sei der Fall, wenn es nach der
Art oder Menge der Waare nicht geschäftsüblich oder gar
geschäftswidrig sei, sie früher auszuscheiden, als unmittelbar
vor der Abnahme. In solchen Fällen müsse nach dem Zweck
des Art. 343 beim Empfangsverzug des Käufers dem Verkäufer der Selbsthilfeverkauf gestattet sein; denn die Waare
sei bei ihm vorhanden und reelle Lieferung nur von der
Empfangsbereitschaft des Käufers abhängig. Das Reichsoberhandelsgericht ist danach ebenso wie das Reichsgericht
weit davon entfernt, anzunehmen, daß der Verkäufer, um
den Käufer in Abnahmeverzug zu versetzen, gar keine Be-
ziehungen zu der verkauften Waare zu haben brauche. Nur
die Behandlung der Waare, welche anders als in zeitlichem
Zusammenhang mit der Uebergabe vorzunehmen einer ver-
nünftigen Geschäftsführung zuwider wäre, brauchte nicht vorgenommen zu werden, da der Käufer sich nicht zum Empfang
einstellte. Unter allen Umständen mußte der Verkäufer aber
den Stoff haben, aus dem beim Erscheinen des Käufers die
verkaufte Waare alsbald zur Uebergabe bereit gestellt werden
konnte.

Ein Widerspruch gegen den letzteren Satz darf nicht etwa
in den Entscheidungen des Reichsoberhandelsgerichts gesucht
werden, welche einen Selbsthilfeverkauf in genere für zulässig erklären[42]). Das Gericht hat auch in einem Fall dieser
Art die Fähigkeit des Verkäufers, die offerirte Lieferung alsbald vorzunehmen, als Voraussetzung des Annahmeverzuges
und damit des Selbsthilfeverkaufes bezeichnet.

Ob in den von den Reichsgerichten entschiedenen Fällen
Veranlassung zur Anwendung des Grundsatzes vorlag, daß
zur Herstellung des Annahmeverzuges die Vornahme derjenigen Handlungen nicht erforderlich ist, welche bei vernünftiger Geschäftsführung nur in zeitlichem Zusammenhang

---

42) II, S. 409, XV, S. 148.

mit der Uebergabe vorgenommen werden, ist hier gleichgiltig. Daß der Grundsatz der bona fides und aequitas entspricht, wird schwerlich bezweifelt werden; wer damit festeren Boden gewinnen zu können glaubt, wird ihn auf eine stillschweigende Willenseinigung zurückführen und mit dem unter IV. bezeichneten Grundsatz in Zusammenhang bringen. Welche Konstruktion man aber auch wählen möge, bei der Entscheidung der folgenden Fälle werden vermuthlich keine Meinungsverschiedenheiten hervortreten: Wenn Jemand eine Quantität Roheis mit der Verabredung gekauft hat, daß das Eis zu einer bestimmten Zeit abgeholt und gleichzeitig bezahlt werden solle, so müßte der Verkäufer, wenn er behufs Herstellung des Annahmeverzuges Alles gethan haben müßte, was zur Vorbereitung der Uebergabe erforderlich ist, das für den Käufer bestimmte Eis vor der festgesetzten Zeit ausgesondert und aus dem Eiskeller in sein Geschäftslokal gebracht haben; wenn der Verkäufer eines Pferdes, das zu bestimmter Zeit abgeholt und bezahlt werden sollte, die Uebergabe des Thieres vollständig vorbereiten müßte, um seinen Gegner in Annahmeverzug zu versetzen, so wäre erforderlich, daß der Verkäufer das Pferd vor Ablauf der vereinbarten Frist losbände; unter der entsprechenden Voraussetzung könnte häufig der Käufer den kommpflichtigen Verkäufer nicht in Annahmeverzug versetzen, ohne den Kaufpreis auf seinem Tisch aufgezählt zu haben [43]. Wer nicht geneigt ist, diese Konsequenzen zu ziehen, wird der durch die Reichsgerichte bezeichneten Aus-

---

43) Das Reichsoberhandelsgericht hat zwar (XIII, S. 170) ausgesprochen, daß der Käufer, um den Verkäufer in Lieferungsverzug zu versetzen, das Geld erst „bereit zu haben“ brauche, nachdem der Verkäufer die vertragsmäßig beschaffene Waare an den Ablieferungsort gebracht und dem Käufer angeboten habe. Daß die Meinung des Gerichts mit der hier vertretenen Ansicht übereinstimmt, ergibt aber der hinzugefügte Satz: „Es bestand für den Kläger keine Verpflichtung, den zu zahlenden Preis im Voraus anzubieten oder gar sich über seine Zahlungsfähigkeit im Voraus auszuweisen“.

nahme von der Regel zuſtimmen, daß der Annahmeverzug
die Erfüllungsbereitſchaft des Gegners vorausſetzt. Welche
Handlungen bei vernünftigem Geſchäftsbetrieb nur in Ver=
bindung mit dem Uebergabeakt vorgenommen werden kön=
nen, iſt ſelbſtverſtändlich nicht im Allgemeinen zu beant=
worten.

Dagegen erſcheint es zweckmäßig, für einen Augenblick
die Aufmerkſamkeit zwei naheliegenden Fragen zuzuwenden,
die unter Benutzung eines der gewählten Beiſpiele geſtellt
werden mögen.

Wenn der Verkäufer der Quantität Roheis Anſprüche
auf den Abnahmeverzug des Käufers gründet, der die Ab=
holung und Bezahlung des Eiſes verſäumt hat, ſo fragt ſich,
ob der beklagte Käufer einwenden kann: der Verkäufer würde,
wenn ich zur Abholung und Zahlung rechtzeitig erſchienen
wäre, nicht im Stande geweſen ſein, die mir verkaufte Quan=
tität Eis aus ſeinem Eiskeller herbeizuſchaffen und mir zu
übergeben, z. B. weil der Schlüſſel zum Eiskeller verlegt war
oder das zum Transport des Eiſes erforderliche Dienſtperſonal
behindert war u. drgl.

M. E. iſt dieſer Einwand ausgeſchloſſen, quia non ex
post facto, sed ex praesenti statu damnum factum sit nec
ne, aestimari oportere Labeo ait[44]). Allerdings würde
die Unfähigkeit des Verkäufers, die Uebergabe und die mit
ihr zuſammenhängenden Handlungen vorzunehmen, den Aus=
tauſch von Waare und Preis unmöglich gemacht haben, wenn
der Käufer rechtzeitig erſchienen wäre. Aber ehe der Ver=
käufer in die Lage kam, das Eis aus dem Eiskeller holen
zu laſſen und an den Käufer zu übergeben, hat das Aus=
bleiben des Käufers den verabredeten Austauſch unmöglich
gemacht. Ebenſowenig wie der Brandſtifter dadurch ent=
laſtet wird, daß ein ſpäterer Stadtbrand auch das bereits

44) Fr. 7 § 4 quod vi aut clam 43, 24 (Ulpian).

verbrannte Haus ergriffen haben würde[45]), kann der Käufer, welcher den Austausch von Waare und Preis durch sein Ausbleiben vereitelt hat, sich darauf berufen, daß der Verkäufer unfähig war, Handlungen vorzunehmen, deren Unterlassung die Nichterfüllung des Kaufs verursacht hätte, wenn diese nicht schon zuvor durch den Käufer verursacht wäre.

Die zweite Frage ist folgende: Geräth der Käufer oder der Verkäufer in mora creditoris, wenn der erstere sich zwar vor dem vereinbarten Zeitpunkte zum Abholen des Roheises mit dem Kaufpreise einstellt, aber so kurz vorher, daß der Verkäufer das Eis bis zu jenem Zeitpunkt nicht mehr herbeiholen lassen kann? Darauf dürfte zu antworten sein, daß der Käufer in Verzug gerathe, da es an seinem Zuspätkommen lag, daß er das Eis nicht zur Erfüllungszeit empfangen konnte[46]); ob der Verkäufer etwa das Eis auch bei rechtzeitigem Erscheinen des Käufers nicht zur Uebergabe bereit hätte stellen können, ist, sofern das Gesagte sich als zutreffend erweist, gleichgiltig.

Bisher ist nur von dem Annahmeverzug die Rede gewesen, da die Fälle der bezeichneten Art m. W. nur mit Rücksicht auf ihn zu Erörterungen Veranlassung gegeben haben. Es ist aber kein Grund ersichtlich, bezüglich des Erfüllungsverzuges in gleichen Fällen anders zu urtheilen. Der Eislieferant dürfte auch für berechtigt zu halten sein, den Käufer, welcher sich nicht rechtzeitig zur Abholung und Zahlung eingestellt hat, wegen mora debitoris in Anspruch zu nehmen, ohne daß er vor dem Ablauf der Erfüllungszeit das verkaufte Eis aus dem Eiskeller in das Sonnenlicht

---

45) Fr. 7 § 4 cit.; vgl. fr. 37 mand. 17, 1; fr. 16 § 2 de evict. 21, 2 und dazu Vangerow, Lehrb. d. Pand.⁷ § 71 Anm. 3 N. 2. Windscheid, Lehrb. d. Pand.⁷ § 258 Anm. 15 und die hier Citirten.

46) Vgl. die Ausführungen von Kohler, Annahme und Annahmeverzug i. Jahrb. f. Dogmatik XVII, S. 283 f.

hätte bringen müssen. Wer dies zugibt, wird auch gegen=
über der Regel, daß der Erfüllungsverzug die Erfüllungs=
bereitschaft des anderen Theils voraussetzt, die Ausnahme
gelten lassen, daß Vorbereitungshandlungen, welche bei ver=
nünftigem Geschäftsbetrieb nur in zeitlichem Zusammenhang
mit der Uebergabe vorgenommen werden können, behufs Her=
stellung des Erfüllungsverzuges nicht vorgenommen zu werden
brauchen. Es liegt nahe, mit Rücksicht darauf als Erfüllungs=
bereitschaft den Zustand zu bezeichnen, der die Uebergabe und
die mit ihr zusammenhängenden Handlungen ermöglicht. Doch
erscheint es zweckmäßiger, wenigstens an diesem Ort den
oben definirten strengeren und einfacheren Begriff der Er=
füllungsbereitschaft festzuhalten und die ermittelten Abweich=
ungen als Ausnahmen zu behandeln.

VI.

Es ist bereits betont worden, daß die bisher angeführten
Entscheidungen des Reichsgerichts Fälle betrafen, in denen
der klagende Kontrahent die Waare oder wenigstens ihren
Rohstoff hatte und nur die Vorbereitungshandlungen nicht
zum Abschluß gelangt waren, daß also aus diesen Entschei=
dungen für Fälle, in denen der wegen Verzuges klagende
Kontrahent von dem Gegenstande seiner Leistung gar nichts
hatte, nichts geschlossen werden darf. Es fragt sich aber,
ob nicht ein neueres Erkenntniß des Reichsgerichts[47]) die
Meinung unterstützen kann, daß die Anschaffung des Lei=
stungsgegenstandes Seitens des erwartungspflichtigen Theils
überhaupt überflüssig sei, wenn dieser sich nur beim Ein=
treffen des kommpflichtigen Theils den Leistungsgegenstand
alsbald hätte beschaffen können.

Aus dem Thatbestand des vom Reichsgericht entschiedenen
Streitfalles kommt hier Folgendes in Betracht: Der Kläger,

---

47) Entscheid. XXIX, S. 62.

welcher mit einer Zeche einen Vertrag über die fortlaufende
Lieferung von Kohlen geschlossen hatte, verkaufte dem Be=
klagten 500 Waggons dieser Kohlen, lieferbar auf
der Zeche in gleichen Monatsraten, welche bis zum 15.
des nächsten Monats zu bezahlen waren. Von diesen 500
Waggons sind 436 nicht abgenommen worden. Der Kläger
ist seinerseits der Zeche gegenüber mit der Abnahme eines
entsprechenden Quantums Kohlen in Verzug gerathen; die
Zeche hat deshalb im Wege des Selbsthilfeverkaufes 501
Waggons Kohlen öffentlich verkaufen lassen und den Differenz=
betrag zwischen dem hierbei erzielten Erlöse und dem Ver=
tragspreise gegen den Kläger eingeklagt und rechtskräftig er=
stritten. Der Kläger fordert jetzt als Schadensersatz den=
jenigen Betrag, welcher sich nach Abzug des bei den Zwangs=
verkäufen der Zeche erzielten Erlöses von dem Vertrags=
preise der rückständig gebliebenen 436 Waggons ergiebt.

Es kann hier dahingestellt bleiben, ob das Gericht mit
Recht angenommen hat, daß der von der Zeche vorgenom=
mene Selbsthilfeverkauf nach Art. 354 als ein vom Kläger
vorgenommener behandelt werden dürfe. Wichtig ist dagegen
die Vorfrage, ob der Beklagte in Erfüllungsverzug gerathen
konnte, mithin die Voraussetzung gegeben ist, unter der der
Kläger Schadensersatz mit Hilfe eines Selbsthilfeverkaufes
liquidiren konnte.

Der Vorderrichter hatte bemerkt, daß der Kläger sich
deshalb nicht in der Lage befunden habe, den Beklagten in
Verzug zu setzen, weil er sich seinem Verkäufer gegenüber
in Annahmeverzug befunden, die verkaufte Kohle also nicht
in seiner Verfügungsgewalt gehabt habe. Im Gegensatz
dazu hat das Reichsgericht angenommen, daß der Kläger
den Beklagten in Zahlungsverzug versetzen konnte, obwohl
der Kläger die verkauften Kohlen nicht zu seiner Verfügung
hatte.

Der Grund, aus dem das Reichsgericht den Erfüllungs=

verzug des Beklagten trotzdem anerkannte, war indessen nicht
etwa, daß der Kläger sich die benöthigten Kohlen alsbald
von der Zeche hätte verschaffen können, sondern daß die
Zeche bereit und im Stande war, an Stelle des Klägers die
Kohlen zu liefern. Die Entscheidungsgründe führen aus,
daß nach der Behauptung des Klägers der Beklagte die gekauften Kohlen loco Zeche unter Zechenbedingungen in
repartierlichen monatlichen Quantitäten abzunehmen und bis
zum 15. des nachfolgenden Monats baar zu bezahlen hatte;
aus der Natur eines solchen, auf fortlaufende Lieferungen
berechneten Geschäfts, welches der Beklagte ersichtlich nicht als
Konsument, sondern als Wiederverkäufer abgeschlossen hatte,
ergebe sich, daß der Beklagte nach Maßgabe seines Absatzes
dem Kläger seine Versandordres zu ertheilen, letzterer aber
diese Ordres abzuwarten und für deren Ausführung durch
die Zeche Sorge zu tragen hatte. Der Kläger habe alles,
was ihm oblag, gethan, wenn er sich zur Lieferung bereit
erklärte und thatsächlich erfüllungsbereit war. Diese Erfüllungsbereitschaft des Klägers habe aber bestanden, wenn
die Zeche bereit und im Stande war, auf Anweisung des
Klägers die Versandordres des Beklagten auszuführen. Mit
Unrecht habe sich der Vorderrichter auf ein früheres Urtheil
des Reichsgerichts [48]) bezogen. Wenn es dort für eine
Voraussetzung des nach Art. 343 H.-G.-B. vorzunehmenden
Selbsthilfeverkaufes erklärt werde, daß der Kaufgegenstand sich
zur Zeit der Vornahme des Verkaufes im Besitz des Verkäufers befinde oder doch thatsächlich zu dessen Verfügung
stehe, so sei diesem Erfordernisse auch dann genügt, wenn
der Verkäufer thatsächlich in der Lage ist, die verkaufte
Waare durch einen Dritten, der sie zu seiner Verfügung
bereit hält, zu liefern.

M. E. sind diese Darlegungen des Reichsgerichts als

---

48) Entscheid. XI, S. 111.

richtig anzuerkennen. Ein Kaufkontrahent braucht, um den Gegner in Erfüllungsverzug zu versetzen, nicht selbst zur Erfüllungszeit erfüllungsbereit zu sein; seiner Erfüllungs= bereitschaft steht die Erfüllungsbereitschaft eines Stellver= treters gleich. Selbstverständlich gehört dazu, daß der Stellvertreter das Leistungsobjekt a m E r f ü l l u n g s o r t zur Uebergabe bereit hatte. In dem angeführten Falle war diesem Erforderniß genügt, da loco Zeche zu liefern war und die Zeche als Stellvertreter fungirte. Zweifellos brauchte auch der Stellvertreter die Vorbereitungshandlungen, welche erst nach Eingang der Erklärungen des Käufers (Ver= sandordres) vorgenommen werden sollten und konnten, nicht zwecks Herstellung des Verzuges vorzunehmen. Auf die Fragen, ob die Erfüllungsbereitschaft eines unbeauftragten Stellvertreters genügt und ob Erfüllungsverzug eintreten kann, wenn weder der Vertretene zur Empfangnahme der Gegenleistung bereit, noch der Vertreter dazu bevollmächtigt ist, ist mit Rücksicht auf den Zweck der Untersuchung nicht einzugehen. Dagegen mag nochmals hervorgehoben werden: Erfüllungsverzug tritt nur ein, wenn statt des Kontrahenten ein Anderer die erforderlichen Vorbereitungshandlungen vorgenommen h a t t e, nicht auch, wenn vermuthlich nach dem Eintreffen des anderen Kontrahenten ein Stellvertreter erfüllt h a b e n w ü r d e.

VII.

W i n d s c h e i d hat behauptet[49]:

„Thatsächliche Leistungsbereitschaft ist — zur Herstellung der mora creditoris — nicht erforderlich, wenn der Gläu= biger im Voraus mit Bestimmtheit erklärt hat, die Leistung nicht annehmen zu wollen".

Es ist demnächst zu untersuchen, ob die vorgängige Er= klärung des erwartungspflichtigen Kaufkontrahenten, nicht

---

49) Lehrbuch der Pandekten[7] § 345 S. 280.

annehmen und leisten zu wollen, die Anforderungen mindert, die an das Verhalten des kommpflichtigen Kontrahenten zu stellen sind. Hier kommt die Behauptung Windscheid's nur insofern in Betracht, als sie den Satz ergiebt: Hat der kommpflichtige Kontrahent mit Bestimmtheit im Voraus er- klärt, daß er nicht abnehmen werde, so kann er in mora creditoris gerathen, ohne daß der erwartungspflichtige Kon- trahent leistungsbereit zu sein brauchte.

Windscheid hat dem angeführten Ausspruch in einer Anmerkung hinzugefügt: „Mit Bestimmtheit erklärt hat — nicht also im Sinne einer bloß vorläufigen Meinungs- äußerung, sondern in dem Sinne, daß er auch der Leistungs- bereitschaft gegenüber keine andere Erklärung abgeben werde. Es kann von dem Schuldner nicht verlangt werden, daß er einer solchen Erklärung gegenüber sich erst noch in Leistungs- bereitschaft setze; er darf sich auf die Erklärung, wie sie abgegeben worden ist, berufen."

Vor Windscheid hat Wolff[50]) die von ihm als neu bezeichnete Meinung vertreten, daß die Erklärung des creditor, nicht annehmen zu wollen, zur Begründung der mora creditoris genüge, auch ohne daß eine Oblation vor- genommen ist. Wolff hat bemerkt, daß bestimmte Ge- setzesstellen für diese Ansicht nicht vorhanden seien; das er- kläre sich dadurch, daß die Lehre von der Mora mehr bei Gelegenheit einseitiger als zweiseitiger Obligationen erörtert sei. Nur bei zweiseitigen Obligationen aber, wo Jeder der Kontrahenten creditor und debitor zugleich ist, komme es häufiger vor, daß ein Kontrahent vom Vertrage frei zu kommen versucht und geradezu, auch ohne vorgängige Oblation erklärt, nicht annehmen zu wollen. Daß hier die Nicht- realisirung der obligatio dem creditor zu imputiren sei, vorausgesetzt, daß er nicht etwa einen rechtmäßigen Grund

---

50) Zur Lehre von der Mora S. 407.

hatte, die Annahme zu verweigern, dürfe wohl nicht bezweifelt werden, wogegen andererseits für eine dennoch vorzunehmende Oblation kein einziger Grund angeführt werden könne.

Ebenfalls vor **Windscheid** hat **Sintenis**[51]) den Satz aufgestellt, daß der Gläubiger auch ohne geschehenes Angebot in Annahmeverzug mit seiner Erklärung gerathe, nicht annehmen zu wollen, indem er dadurch dem Schuldner die Leistung unmöglich und das Angebot im Voraus vergeblich mache. Zur Begründung hat **Sintenis** lediglich auf die Ausführungen **Wolff's** verwiesen.

Thöl[52]) hat eine ähnliche Anschauung in einer beiläufigen Bemerkung ohne Begründung kundgegeben.

Die Entscheidung der genannten Schriftsteller hat **Kohler**[53]) als richtig bezeichnet, dabei aber einige nicht unerhebliche Modifikationen angedeutet. Nach seiner Meinung muß einmal der Schuldner, um den Gläubiger in Annahmeverzug zu versetzen, vor der Annahmeweigerung das gethan haben, was ihm oblag, und ferner geräth der Gläubiger nicht in Annahmeverzug, „wenn er sicher ist, daß der Schuldner die ihm obliegende Verpflichtung nicht hätte erfüllen können, so insbesondere, wenn ihm Fähigkeit, Kräfte oder Mittel dazu gefehlt hätten." Zur Begründung bemerkt **Kohler**, daß es gewiß nicht nur ridikül, sondern eine Vergeudung von Natur- und Menschenkräften wäre, dem Schuldner zuzumuthen, daß er trotz der kategorischen Annahmeweigerung unnöthigerweise die weiteren Schritte thue. Auf ein dabei gebrauchtes argumentum ad hominem mag unten zurückgekommen werden. Im Uebrigen vertheidigt **Kohler** die Lehre seiner Vorgänger und die seinige gegen den Einwand **Römer's**[54]), daß es dafür keine Quellenstellen

---

51) Das praktische gemeine Civilrecht² II, S. 218.
52) Handelsrecht⁶ I, § 268 N. 16.
53) Jahrb. f. Dogmatik XVII, S. 401 f.
54) Abhandlungen I S. 141 ff.

gebe, mit der Behauptung, daß diese Lehre aus den quellenmäßigen Prinzipien folge, so wahr als überhaupt etwas aus den quellenmäßigen Prinzipien folge.

Die angeführten Aeußerungen sind hier referirt worden, um zu zeigen, wie wenig bisher zu Gunsten des Satzes angeführt ist, daß die vorgängige Annahmeweigerung des Gläubigers dessen Annahmeverzug bewirke, ohne daß der Schuldner sich noch leistungsbereit zu machen brauche. Vor allem sollte dargelegt werden, daß man niemals versucht hat, diesen Satz auf Vorschriften des geltenden Rechtes zu begründen, daß er vielmehr dem Billigkeitsgefühl seinen Ursprung verdankt. Das Billigkeitsgefühl scheint bei den genannten Schriftstellern so entschieden für den bezeichneten Satz gesprochen zu haben, daß sie es nicht für erforderlich hielten, andere davon zu überzeugen, daß seine Konsequenzen billig seien. Die Konsequenzen aber würden nicht gering sein. Zwar kommt eine vorgängige Annahmeweigerung des Gläubigers, wie Wolff bemerkt hat, nur bei gegenseitigen Obligationen häufiger vor, hier aber zieht sie nach verbreiteter Meinung den Erfüllungsverzug nach sich. Danach bedeutet der aufgestellte Satz u. A. auch: hat der kommpflichtige Kontrahent im Voraus mit Bestimmtheit erklärt, daß er nicht (gegen Leistung) abnehmen werde, so geräth er in Erfüllungsverzug, ohne daß der erwartungspflichtige Kontrahent leistungsbereit zu sein brauchte. Der Verkäufer, dem der Käufer „mit Bestimmtheit" erklärt hat, nicht gegen Zahlung empfangen zu wollen, kann also die Hände in den Schoß legen und alle Mühen und Kosten, welche die Anschaffung der Waare nöthig machen würde, ersparen; er gewinnt dennoch die Ansprüche der Art. 354 und 357, sofern er nur — nach der besonderen Meinung Kohler's — vor dem Eintreffen der Erklärung des Gegentheils nichts versäumt hatte und wenn er nicht unzweifelhaft unfähig war, sich erfüllungsbereit zu machen.

Es erscheint nicht angezeigt, schon hier gegen diese An=
sicht Widerspruch zu erheben, da sich erst bei der Besprechung
der Fixgeschäfte die Konsequenzen ergeben werden, an denen
sich ihre Billigkeit erproben muß. Liegt ein gewöhnliches
Kaufgeschäft Zug um Zug vor, so verschlägt es nicht viel, ob
man sich zu der bezeichneten Auffassung bekennt. Denn auch
wenn man annimmt, daß der kommpflichtige Theil in Folge
seiner Erklärung in Erfüllungsverzug gerathe, obwohl der
erwartungspflichtige Theil nicht leistungsbereit ist, kann
— so weit ich sehe — der letztere doch die nach den
Art. 354 und 355 beim Erfüllungsverzug des Gegners er=
wachsenden Befugnisse nur selten ausüben, ohne leistungs=
bereit zu sein. Hat der Fabrikant den Bau der bestellten
Maschine nach der Erklärung des Käufers, sie nicht gegen
Zahlung abnehmen zu wollen, eingestellt, so kann er nicht
wohl Erfüllung des Vertrages und Schadensersatz wegen
verspäteter Erfüllung verlangen. Auch wenn die un=
bewiesene Behauptung richtig wäre, daß der in Annahme=
verzug gerathene Käufer nicht beanspruchen dürfe, nur zur
Zahlung gegen Uebergabe der Sache verurtheilt zu
werden [55]), würde der Fabrikant sich schwerlich durch eine
Klage auf Zahlung des Kaufpreises der Gefahr aussetzen,
daß der Käufer alsbald seinerseits auf Uebergabe der Ma=
schine klagt, die der Verkäufer nicht zu liefern vermag.
Auch von der Befugniß, statt der Erfüllung die Waare unter
Beobachtung der Bestimmungen des Art. 343 für Rechnung
des Käufers zu verkaufen und Schadensersatz zu fordern,
kann der Fabrikant nicht Gebrauch machen, wenn er die
verkaufte Maschine nicht hergestellt hat. Es bleibt nur das
Recht, von dem Vertrage abzugehen, gleich als ob derselbe
nicht geschlossen wäre. Diese Befugniß aber dürfte der
Fabrikant durch die Erklärung des Bestellers auch dann

---

55) Seuff. Archiv XLII, 289.

gewinnen können, wenn der Besteller nicht in Folge seiner
Erklärung in Erfüllungsverzug geräth. Denn einmal ent=
hält wohl die bestimmte Erklärung des Bestellers, die Ma=
schine nicht gegen Zahlung abnehmen zu wollen, die Offerte
eines auf Auflösung des Kaufvertrages gerichteten Vertrages;
indem der Fabrikant zustimmt, hebt er den Kaufvertrag auf,
gleich als ob derselbe nicht geschlossen wäre. Aber auch wenn
der Kaufvertrag nicht durch die ausdrückliche oder still=
schweigende Annahme einer vom Besteller ausgehenden Auf=
lösungsofferte entkräftet wurde[56]), könnte der Fabrikant doch
den Bau der Maschine sistiren, ohne Gefahr zu laufen, vom
Besteller zur Erfüllung oder zu Schadenersatz angehalten
zu werden. Bietet der Besteller trotz seiner Erklärung den
Kaufpreis an und fordert er Uebergabe der Maschine, so
kann der Fabrikant darauf hinweisen, daß der Besteller selbst
durch seine Erklärung die Einstellung der Arbeit an der
Maschine veranlaßt hat. Diese exceptio doli bewirkt, daß
der Fabrikant nicht in Verzug gerathen konnte. Insofern
ist die Bemerkung Windscheid's richtig, es könne von
dem Empfänger einer vorgängigen Annahmeverweigerung
nicht verlangt werden, daß er sich erst noch in Leistungs=
bereitschaft setze; er dürfe sich auf Erklärung, wie sie ab=
gegeben ist, berufen. Der Verkäufer kann in der That nach
der Erklärung des Käufers den Kaufvertrag resultatlos ver=
laufen lassen.

Aehnlich steht es um die Verzugsansprüche des Käufers.
Auch wenn man den Verkäufer nach seiner vorgängigen Er=
klärung in Erfüllungsverzug gerathen lassen will, ohne daß
der Käufer sich das zur Zahlung des Kaufpreises erforder=
liche Geld beschafft hat, muß der Käufer doch sich zur Zah=
lung bereit halten, wenn er die Erfüllung nebst Schadens=
ersatz wegen verspäteter Erfüllung verlangen will. Wählt

---

56) Vgl. Entscheid. d. Reichsoberhandelsgerichts XIV, S. 393.

er statt dessen den Anspruch auf Schadenersatz wegen Nichterfüllung, so muß er seinen konkreten Schaden nachweisen. Dabei kann jedenfalls nicht unberücksichtigt bleiben, daß der Käufer das zur Zahlung des Kaufpreises bestimmte Geld nach der Erklärung des Verkäufers zu anderen Zwecken verwenden konnte oder ein Darlehnsgeschäft, welches ihm die benöthigten Geldmittel zuführen sollte, nicht abzuschließen brauchte.

Anders bei Fixgeschäften. Geräth der Fixverkäufer in Folge seiner Erklärung, nicht gegen Lieferung Zahlung empfangen zu wollen, entsprechend der von Windscheid vertretenen Meinung in Erfüllungsverzug, ohne daß der Fixkäufer den Kaufpreis hat, so kann letzterer die Differenz zwischen dem Kaufpreise und dem Markt- oder Börsenpreise verlangen [57]); der Hinweis des Verkäufers darauf, daß der Käufer die Aufwendungen erspart habe, welche die Anschaffung des Geldes nothwendig gemacht hätte, ist ebenso ausgeschlossen wie der Einwand, daß der Käufer nach der Erklärung des Verkäufers sein Geld habe verzinsen können.

Die Bedeutung der Ansicht Windscheid's erhöht sich weiter bei ihrer Anwendung auf Termingeschäfte. Diese ändern die Bestimmung des Artikels 357 Absatz 2 dahin ab, daß der Verkäufer beim Erfüllungsverzug des Käufers auch ohne die Vornahme eines Selbsthilfeverkaufes die Differenz zwischen dem Kaufpreise und dem Börsenpreise verlangen dürfe [58]). Darf auch der Verkäufer, welcher nach der Erklärung des Käufers nichts gethan, um sich in den Besitz der verkauften Waare zu setzen, diesen Anspruch erheben, so ergiebt sich, daß dem Verkäufer durch die Erklärung des Käufers die Bemühungen und Kosten erspart werden, welche die Anschaffung der Waare verursacht hätte.

---

57) H.-G.-B. Art. 357, Abs. 3.
58) Oben S. 159.

Ob dieses Ergebniß derart billig und zweckmäßig erscheint, daß es gegen die Regel des geltenden Rechts anerkannt werden muß, wird erst bei der Besprechung der Fix- und Termingeschäfte zu erörtern sein.

Aus ähnlichen Gründen soll die Untersuchung der Frage ausgesetzt werden, ob der erwartungspflichtige Kaufkontrahent den kommpflichtigen in Erfüllungsverzug versetzen kann, wenn ersterer seine Vorbereitungen eingestellt hat, nachdem sicher geworden ist, daß dem kommpflichtigen Theil die Erfüllung des Vertrages unmöglich sein wird.

Daß der Grundsatz periculum emptoris est dem erwartungspflichtigen Verkäufer trotz mangelnder Erfüllungsbereitschaft Verzugsansprüche gewähren kann, braucht hier nicht ausgeführt zu werden, da mit Rücksicht auf den Zweck der Untersuchung nur diejenigen Fälle aufzusuchen sind, in denen auch bei Kaufgeschäften von der Art der Termingeschäfte Ausnahmen von der Regel in Frage kommen: der erwartungspflichtige Kontrahent kann den Kommpflichtigen nur in Erfüllungsverzug setzen, wenn er zur Erfüllungszeit erfüllungsbereit ist. Daß außer den berührten andere Fälle dieser Art vorkommen können, soll selbstverständlich nicht in Abrede genommen werden; mir sind andere Fälle dieser Art nicht bekannt geworden.

VIII.

Nach den Erörterungen unter IV—VI werden folgende Sätze einer Begründung nicht mehr bedürfen:

Der erwartungspflichtige Kontrahent geräth in Erfüllungsverzug, ohne daß der kommpflichtige Theil den Gegenstand seiner Leistung bringt, wenn der erwartungspflichtige Kontrahent eine Handlung unterlassen hat, ohne die der kommpflichtige Kontrahent den Gegenstand seiner Leistung nicht vertraggemäß bringen konnte.

Der erwartungspflichtige Kontrahent kann in Erfüllungs-

verzug gerathen, auch wenn der erschienene Gegner Handlungen unterlassen hat, die vernünftiger Weise nur in Zusammenhang mit der Uebergabe vorgenommen werden
konnten[59]).

Der kommpflichtige Theil braucht nicht selbst zu kommen
und zu bringen; der erwartungspflichtige Theil kann auch
dann in Erfüllungsverzug gerathen, wenn statt des kommpflichtigen Kontrahenten ein Dritter kommt und bringt, vorausgesetzt, daß dieser Dritte zum Empfang der Leistung des
erwartungspflichtigen Kontrahenten bevollmächtigt war.

Hinzuzufügen ist: der kommpflichtige Theil braucht behufs
Herstellung des Erfüllungsverzuges nicht zu kommen und zu
bringen, wenn der erwartungspflichtige Theil ihm zuvor erklärt hat, daß er nicht gegen Leistung annehmen werde, und
wenn die Leistung des erwartungspflichtigen Theils zuvor
unmöglich geworden ist.

In zahlreichen Entscheidungen höchster Gerichte ist anerkannt worden, daß der Gläubiger, welcher vor der Erfüllungszeit die Annahme verweigern zu wollen erklärt hat, in Annahmeverzug gerathen könne, ohne daß der Bring-
schuldner den Schuldgegenstand zu bringen braucht. Dieser
Satz hat auch in der Literatur älterer und neuerer Zeit
vielfache Zustimmung gefunden[60]). Es ist allerdings richtig[61]), daß sich dafür Quellenzeugnisse nicht anführen lassen.
Aber die aequitas und die bona fides, welche nach gemeinrechtlichen Vorschriften berücksichtigt werden sollen, wenn über
die Voraussetzungen des Verzuges bei Kaufgeschäften ent-

---

59) Z. B. der Käufer hat den Kaufpreis nicht aus seinem Geld-
beutel genommen und aufgezählt, der Verkäufer hat die verkauften
Werthpapiere nicht von anderen in dem mitgebrachten Portefeuille
enthaltenen abgesondert.

60) Vgl. Mommsen, Beiträge zum Obligationenrecht III,
S. 144.

61) Römer, Abhandlungen S. 141; v. Schey, Begriff und
Wesen der mora creditoris S. 111 Anm. 1.

schieden wird, ergeben gute Gründe dafür, daß der Schuldner nach der Erklärung des Gläubigers diesen in Annahmeverzug versetzen kann, ohne den Schuldgegenstand zum
Gläubiger zu bringen. Dabei wird freilich vorausgesetzt,
daß dem Schuldner in solchem Falle eben nur das Kommen
und Bringen erspart bleibt, daß er dagegen trotz der Erklärung des Gläubigers den Leistungsgegenstand zur Abholung
Seitens des Gläubigers bereit halten muß. Wäre dies nicht
der Fall, so würden dem Gläubiger bisweilen durch seine
Erklärung Nachtheile erwachsen, die schwerlich durch den
Hinweis auf sein Verhalten gerechtfertigt werden können.
Wird aber lediglich der kommpflichtige Theil durch die Erklärung des Gegners in die Lage eines erwartungspflichtigen
Kontrahenten versetzt, so wird damit der durch jene Erklärung
geschaffenen Situation in billiger und zweckmäßiger Weise
Rechnung getragen. Eine nähere Begründung erscheint überflüssig, da der bezeichnete Satz jedenfalls wegen der überwiegenden Anerkennung, die er bereits in der Judikatur und
Literatur gefunden hat, mit Rücksicht auf die Rechtssicherheit
festzuhalten, m. a. W. als Gewohnheitsrecht zu betrachten
sein wird.

Aus denselben Erwägungen aber, die in solchen Fällen
zu einer Ausnahme von dem Grundsatze geführt haben, daß
der Annahmeverzug die Erfüllungsbereitschaft des Schuldners
voraussetzt, ergiebt sich die Billigkeit des Satzes, daß der
kommpflichtige Kontrahent eines Kaufvertrages Zug um Zug
durch die ablehnende Erklärung des anderen Kontrahenten
in die Lage versetzt wird, ihn in Erfüllungsverzug zu versetzen, ohne kommen und bringen zu müssen.

Ebenso dürften sich keine Bedenken dagegen ergeben, daß
der kommpflichtige Kontrahent ohne Kommen und Bringen
den Erfüllungsverzug herstellen kann, wenn die Gegenleistung
des erwartungspflichtigen Kontrahenten unmöglich geworden
war. Ist es vor der Erfüllungszeit gewiß geworden, daß

die bestellte Maschine zur Erfüllungszeit nicht geliefert werden
kann, so wird man schwerlich vom kommpflichtigen Käufer
verlangen, daß er sich behufs Herstellung des Lieferungs=
verzuges mit dem Kaufpreise zum Verkäufer begebe.

IX.

Bisher ist von Voraussetzungen des Erfüllungsverzuges
bei Kaufgeschäften Zug um Zug gesprochen, die zwar die
Erfüllungszeit genau bestimmen, aber nicht als Fixgeschäfte
zu betrachten sind. Es hat sich als die Regel des geltenden
Rechts ergeben, daß ein Kontrahent, welcher den anderen in
Erfüllungsverzug setzen will, zur Erfüllungszeit erfüllungs=
bereit sein mußte, d. h. Alles gethan haben mußte, was
er zu thun hatte, um den Gegenstand seiner Leistung (Waare
oder Preis) übergeben zu können. Es ist ferner der Nach=
weis versucht, daß in einigen Fällen diese Regel Ausnahmen
erleidet; unter bestimmten Umständen brauchen gewisse Vor=
bereitungshandlungen behufs Herstellung des Erfüllungs=
verzuges nicht vorgenommen zu werden. Ein Fall, in dem
ganz davon abgesehen werden dürfte, wie sich der Verzugs=
ansprüche erhebende Kontrahent vor dem Ablauf der Erfül=
lungszeit verhalten hat, ist nicht ermittelt worden.

Die Untersuchung wendet sich nunmehr den Fixgeschäften
zu. Es fragt sich, ob die bezeichnete Regel auch für diese
gilt, und, wenn diese Frage bejaht werden sollte, ob sie
anderen als den bisher festgestellten Ausnahmen unterliegt.

Vielfach wird behauptet, daß der Eintritt einer Mora
überhaupt ausgeschlossen sei, wenn die Leistung derart an
eine bestimmte Zeit gebunden sei, daß sie später nicht erfolgen
kann[62]). Danach könnte es scheinen, als ob die Ergebnisse

---

62) Vgl. Wolff, Lehre von der Mora S. 115 ff.; Momm=
sen, Beiträge zum Obligationenrecht III, S. 28 ff., 138, auch II,
224 ff.; Brinz, Pandekten² II, § 279 I; Bruns, Constitutum
debiti in Zeitschrift für Rechtsgeschichte I, S. 64; Protokolle der
Nürnberger Konferenz 678.

der vorstehenden Erörterungen für Fixgeschäfte Zug um Zug
bedeutungslos seien. Kann der Kontrahent eines Fixgeschäftes
gar nicht in Verzug gerathen, so ist selbstverständlich gleich=
giltig, von welchen Voraussetzungen der Verzug abhängig ist.

Ist die bezeichnete Auffassung richtig, so muß allerdings,
um die vorstehenden Ausführungen auf Fixgeschäfte Zug um
Zug anwendbar zu machen, allenthalben, wo von Erfüllungs=
verzug gesprochen ist, statt dieses Wortes „Erfüllungsversäum=
niß" eingesetzt, und allenthalben, wo von Annahmeverzug
die Rede war, „Annahmeversäumniß" gesagt werden. Mit
dieser Abänderung aber dürften die bisherigen Erörterungen
auch für Fixgeschäfte zutreffen.

Für alle Kaufverträge Zug um Zug — also auch für
Fixgeschäfte Zug um Zug — ergiebt, wie oben entwickelt
ist, der Art. 342 des H.G.B. die Regel, daß keiner
der Kontrahenten seine Leistung durch Uebergabe zu voll=
ziehen braucht, ehe der andere Kontrahent alle zur Vorbe=
reitung des Erfüllungsaktes erforderlichen Handlungen vor=
genommen hat. Auch beim Fixgeschäft ist also nicht etwa
jeder Theil verpflichtet, schlechthin an dem bestimmten Termine
zu leisten, sondern nur unter der Voraussetzung, daß der
andere Kontrahent vor Ablauf der Erfüllungszeit seine
Leistung vollständig vorbereitet hat. Wer aber eine Hand=
lung unterläßt, zu der er nicht verpflichtet ist, „versäumt"
sie ebenso wenig wie er sie „verzögert". Auch hier macht
es keinen Unterschied, ob man annimmt, daß die actio empti
bezw. venditi erst nach der Vorbereitung der eigenen Leistung
erwachse, oder nur Mangels dieser Vorbereitung einer exceptio non adimpleti contractus ausgesetzt sei. Der oben[63])
angeführte Ausspruch des Paulus:

> non enim in mora est is, a quo pecunia propter
> exceptionem peti non potest

---

63) S. 163.

bezieht sich gerade auf einen Fall der „Terminversäumniß", nicht der „technischen Mora".

Es kann hier dahingestellt bleiben, ob die „Termin= versäumniß" von dem „Verzuge" zu trennen oder mit ihm als eine besondere Art des Verzuges zu vereinigen ist. Die Frage dürfte lediglich eine Frage dogmatischer Zweckmäßig= keit sein, deren Entscheidung davon abhängt, ob die gemein= samen oder unterscheidenden Eigenschaften überwiegen. Ist das erstere der Fall, so wird das Bedenken, daß man von Verzug und Verzögern nicht wohl bei der Unterlassung einer Handlung reden könne, die nicht nachgeholt werden kann, schwerlich ins Gewicht fallen. Daß im Folgenden auch bei Fixgeschäften von Verzug gesprochen wird, dürfte sich dadurch rechtfertigen, daß hier nur eine Voraussetzung in Frage steht, die dem Verzug im „technischen" Sinn und der Termin= versäumniß gemeinsam ist, ferner auch dadurch, daß nicht bloß die römischen Juristen die Terminversäumniß als Mora bezeichnen, sondern auch das Handelsgesetzbuch die Bestim= mungen über die Folgen des Verzuges aus Kaufverträgen bei Fixgeschäften (mit den bekannten Modifikationen) für an= wendbar erklärt.

Bei dieser Gelegenheit mag die Bemerkung eingeschoben werden, daß allerdings bei der Berathung des Handelsgesetz= buchs[64] wiederholt Anträge gestellt sind, welche den Schadens= ersatzanspruch wegen Nichterfüllung lediglich davon, daß bis zum Ablauf der Erfüllungsfrist nicht erfüllt ist, abhängig, die Erfüllungsbereitschaft des Klägers also überflüssig machen wollten, daß diese Anträge aber abgelehnt sind, der eine von ihnen mit 14 Stimmen gegen eine Stimme und mit der inter= essanten Begründung, er würde unzweifelhaft zugleich die Differenz= und Wettgeschäfte rechtlich sanktioniren.

Danach ist die bei den Berathungen der Börsen=Enquete=

---

64) Protok. 1414, 4601.

Kommission [65]) geäußerte Ansicht rechtsirrthümlich, die Artikel 354 und 355 des H.-G.-B. machten die Rechte der Käufer und Verkäufer nur von dem Nachweise abhängig, daß der andere Theil im Verzuge sei und verlangten einen Beweis für die Fähigkeit des Fordernden, selbst zu erfüllen, nicht.

Es darf vermuthet werden, daß diese Ansicht nicht von den juristischen Mitgliedern der Kommission vertreten ist. M. W. ist niemals von Juristen versucht worden, auf Grund der Bestimmungen des Handelsgesetzbuchs die Regel abzuleugnen, daß aus Kaufgeschäften Zug um Zug im Allgemeinen oder Fixgeschäften Zug um Zug im Besonderen nur ein erfüllungsbereiter Kontrahent den anderen Theil in Erfüllungsverzug setzen kann.

Dagegen ist allerdings auch noch von einem bedeutenden Juristen neuerer Zeit die Behauptung aufgestellt worden, daß bei einem Fixgeschäft nach dem gemeinen Recht der Verkäufer die Differenz zwischen dem Kaufpreise und dem Marktpreise als sein Interesse fordern dürfe, auch wenn er die Waare, welche er liefern sollte, nicht wirklich vorräthig gehabt habe.

Thöl [66]) hat diese Behauptung mit folgender Begründung versehen: Die Forderung des Verkäufers schlechtweg auf das Interesse, die Differenz, ist dadurch begründet, daß der Käufer bei eigener Mora nicht eine andere, also hinterherige, Lieferung verlangen kann; dafür spricht auch die Analogie des römischen Rechts. Selbstverständlich — so dürfte zwischen den Zeilen zu lesen sein — geräth bei einem Kaufvertrag Zug um Zug mit fixirtem Erfüllungstermin der Käufer dadurch in Verzug, daß er bis zum Ablauf der Erfüllungszeit nicht erfüllt oder sich erfüllungsbereit gezeigt hat. Die Erfüllungsfähigkeit des Verkäufers ist also nicht

---

65) Bericht S. 119.
66) Handelsrecht I⁶ § 281, S. 949.

nothwendig, um den Käufer in mora solvendi zu verſetzen. Iſt nun auch der Verkäufer unfähig geweſen, zu liefern, ſo liegt eine ſog. gleichzeitige Mora beider Theile vor, „und in dieſem Falle iſt, freilich nicht unbeſtritten, nur eine Mora des Käufers vorhanden. L. 17 de periculo et commodo (18, 6). L. 51 pr. D. de A. E. V. (19, 1)".

M. W. iſt Thöl der Einzige, der noch in neuerer Zeit die gleichzeitige Mora beider Theile für möglich erklärt hat. Sein Anſehn aber macht es nöthig, dieſer faſt verſchollenen Lehre entgegenzutreten und die angeführten Fragmente, welche ſie hervorgerufen haben, aufs Neue zu unterſuchen. Wäre ſeine Behauptung doch kaum möglich geweſen, wenn dieſe vielbeſprochenen Quellenſtellen ſchon von den Vertretern der herrſchenden Gegenmeinung hinreichend erklärt wären.

Fr. 51 de A. E. V. 19, 1, entnommen aus Labeos l. V. posteriorum a Javoleno epitomatorum, lautet:

> Si et per emptorem et per venditorem mora fuisset, quominus vinum praeberetur et traderetur, perinde esse ait, quasi si per emptorem solum stetisset; non enim potest videri mora per venditorem emptori facta esse, ipso moram faciente emptore[67]).

Es mag zunächſt gefragt werden, ob in dem von Labeo entſchiedenen Fall der Verkäufer der kommpflichtige oder der erwartungspflichtige Theil war. Da den antiken Verkehr mehr noch als den modernen[68]) die Regel beherrſcht, daß die Erfüllung des Kaufvertrages bei dem Verkäufer zu ge= ſchehen hat, darf ein gleiches auch hier vermuthet werden. M. W. iſt auch in keiner der zahlreichen den Weinkauf be=

---

67) Vgl. über den Weinkauf: Goldſchmidt, Zeitſchr. f. Handelsr. I, S. 93 ff.; Fitting daſ. II, S. 205 ff.; v. Vange= row, Pandekten⁷ III, § 635, II A.; Bolze, Archiv f. civ. Praxis LVII, S. 99; Kohler, Jahrb. f. Dogm. XVII, S. 355; Bechmann, Kauf II 1, S. 537 ff.; Karlowa, Röm. Rechtsgeſch. II, S. 627 f.

68) Vgl. H.=G.=B. Art. 342, 2.

handelnden Quellenäußerungen angedeutet, daß der Verkäufer den Wein zum Käufer bringen sollte, dagegen häufig von dem tollere vinum, avehi vinum seitens des Käufers die Rede. Andererseits ist nicht zu bezweifeln, daß auch das Alterthum Weinlieferungen ins Haus kannte[69]). Daß Labeo aber den Verkauf eines herumziehenden Weinhändlers bei seiner Entscheidung im Auge gehabt habe, ist nicht anzunehmen. Die Weinkaufverträge, welche die Aufmerksamkeit der römischen Juristen erregt haben, sind nicht die Geschäfte des Hausirhandels, sondern die Geschäfte des Produzenten. Bei diesen Geschäften kann nach den antiken Gewohnheiten als selbstverständlich gelten, daß die Erfüllung bei dem Verkäufer erfolgen sollte. Daß es sich um solche Geschäfte handelte, ist insbesondere dann mit Sicherheit vorauszusetzen, wenn von einem Verkauf mit Vorbehalt der degustatio geredet wird. Der Schutz gegen acor und mucor entspricht nur dem Bedürfniß des Händlers oder Konsumenten, der den jungen Wein vom Produzenten kauft. Bei der Art der Kelterung, die noch heutzutage in manchen Mittelmeerländern üblich ist, ist der junge Wein großen Gefahren ausgesetzt. Es erscheint deshalb sehr verständlich, daß der Händler oder Konsument den neuen Wein nur unter der Voraussetzung kauft, daß er diesen durch eine fehlerhafte Kelterung seitens des Produzenten erzeugten Gefahren entgehen werde. Daß dem Labeo ein Weinverkauf mit Vorbehalt der degustatio vorlag, ist mindestens wahrscheinlich. Difficile est, ut quisquam sic emat, ut ne degustet, berichtet Ulpian[70]), damit zugleich bezeugend, daß nur der Kauf des jungen Weins vom Produzenten ein besonderes juristisches Interesse erregte. Ein ausdrücklicher Hinweis auf den Vorbehalt der degustatio würde in unserer Stelle vorhanden sein, wenn

---

69) Baumeister, Denkmäler des klass. Alterthums S. 2087.
70) Fr. 4 § 1 de per. et comm. 18, 6.

statt praeberetur mit **Anton Faber** probaretur zu lesen
wäre. Hält man aber an der Lesart praeberetur fest, so
darf man auch in diesem Wort eine Bestätigung dafür finden,
daß der Tradition eine Untersuchung durch den Käufer vor-
ausgehen sollte, zu der der Verkäufer Gelegenheit geben
mußte; es wäre sonst schwer abzusehen, warum neben
traderetur das Wort praeberetur gestellt ist. Würde praeberetur nur auf die Thätigkeit des Verkäufers hinweisen,
die zur Empfangnahme durch den Käufer erforderlich ist,
so müßte es neben traderetur als ein überflüssiges Syno-
nymon erscheinen.

Was der Käufer versäumt hat, kann nicht zweifelhaft
sein: er ist nicht zur degustatio und zur traditio erschienen.
Dagegen kann man sich unter der „Mora" des Verkäufers
zunächst Verschiedenes denken: entweder kann der Verkäufer
außer Stande gewesen sein, die degustatio und die traditio
des vorhandenen Weins dem Käufer zu ermöglichen oder der
Verkäufer hat den verkauften Wein überhaupt nicht gehabt.

Es soll zunächst versucht werden, die Aeußerung des
Labeo unter der Voraussetzung zu erklären, daß der Verkäufer die degustatio nicht hätte ermöglichen und die traditio
nicht hätte vornehmen können, etwa weil er verreist war,
ohne einen Stellvertreter zu hinterlassen, daß er aber den
verkauften Wein hatte.

Auf dieser Grundlage dürfte die Erklärung keine Schwierigkeiten bereiten. Der Verkäufer konnte die Handlungen, die
er vornehmen mußte, um dem Käufer die degustatio möglich
zu machen (z. B. Aufschließen des Lagerraums, Anweisung
der für den Käufer bestimmten dolia) und um die traditio
zu vollziehen, erst vornehmen, nachdem der Käufer erschienen
war. Ist aber der Käufer nicht gekommen, so ist er damit
in Verzug gerathen, gleichgiltig, ob der Verkäufer die Handlungen, die er nach dem Erscheinen des Käufers hätte vornehmen müssen, hätte vornehmen können. Es sei gestattet,

das Quellenzeugniß, auf welches sich der obige[71]) Nachweis dieses Satzes gründete, wieder anzuführen: quia non ex post facto sed ex praesenti statu damnum factum sit nec ne, aestimari oportere Labeo ait.[72]).

Diese Erklärung ist so einfach, daß sie deshalb Bedenken erregen könnte, wenn nicht die Begründung, die Labeo seiner Entscheidung beigegeben hat: non enim potest videri mora per venditorem emptori facta esse, ipso moram faciente emptore, andeutete, daß die Entscheidung dem Respondenten bei dem gegebenen Thatbestand als selbstverständlich erschien.

Diese Begründung wäre dagegen höchst befremdlich, wenn sie rechtfertigen sollte, daß der Verkäufer, obwohl er den verkauften Wein gar nicht hatte, den Käufer in Verzug setzen konnte, wenn dieser sich nicht zur degustatio und traditio einstellte. Für diesen mindestens auffallenden Satz hätte einem Labeo schwerlich die Motivirung genügt, der Käufer sei allein in Verzug, weil der Verkäufer bei mora des Käufers nicht als in mora befindlich betrachtet werden könne.

Es dürfte sich aber auch wahrscheinlich machen lassen, daß Labeo den Verkäufer als im Besitz des verkauften Weines befindlich voraussetzte.

Angenommen, daß der Verkäufer den Wein zur Erfüllungszeit nicht hatte, so konnte der Grund sein entweder, daß er den in specie verkauften Wein inzwischen aus dem Besitz verloren hatte, oder daß er den in specie aber als res futura oder sperata verkauften Wein nicht erhalten hatte, oder daß er den in genere verkauften Wein nicht angeschafft hatte.

Auf den Fall, daß der Verkäufer den in specie verkauften und zur Zeit des Kaufabschlusses bei ihm vorhandenen Wein inzwischen anderweit veräußert oder durch seine

---

71) S. 178.

72) Vgl. auch die Aeußerung des Labeo in fr. 15 de cond. c. d. c. n. s. 12, 4.

Schuld zerstört hat, wird Niemand die Entscheidung des
Labeo beziehen mögen. War der in dieser Art verkaufte
Wein inzwischen durch casus untergegangen und traf den
Verkäufer die Gefahr[73]), so wäre die jedenfalls höchst sonder-
bare Entscheidung nur möglich, wenn man dem kommpflichtigen Theil zumuthete, zu kommen, auch wenn die Leistung
des anderen Theils unmöglich geworden ist[74]). Hatte aber
der Käufer die Gefahr zu tragen, so ist nicht ersichtlich, wie
von einer mora venditoris, quominus vinum praeberetur
et traderetur gesprochen werden konnte.

Daß Labeo an den Verkauf eines vom Verkäufer aus
seiner Ernte zu kelternden Weins gedacht habe, ist, selbst
wenn solche Kaufverträge vorgekommen und anerkannt sein
sollten, als ausgeschlossen zu betrachten, da der Jurist auf
solche außerordentliche Besonderheiten des Thatbestandes
sicherlich hingewiesen hätte.

Dagegen würde allerdings bei dem Mangel einer aus-
schließenden Bemerkung anzunehmen sein, daß der Genuskauf berücksichtigt sei, wenn es sich um die Aeußerung eines
modernen Juristen handelte. Bekanntlich ist aber in neuerer
Zeit mehrfach aus der Thatsache, daß in den römischen
Quellen eine Erwähnung des Genuskaufes nirgends mit
Sicherheit zu finden ist, geschlossen worden, daß der Genuskauf dem römischen Leben wie dem römischen Recht fremd
gewesen sei. Jedenfalls aber war der Genuskauf nicht so
häufig, daß die römischen Juristen ihm ihre Aufmerksamkeit
zuzuwenden Veranlassung gefunden hätten. Deshalb haben
sie auch nur wenig Gelegenheit gehabt, dem Satz Ausdruck
zu geben, daß der Verkäufer den Kaufgegenstand haben müsse,
um den Käufer in Verzug setzen zu können. Die Stelle,
welche gegenwärtig der Genuskauf einnimmt, füllten ver-

---

73) Vgl. Bechmann, Kauf II 1, S. 542.
74) Vgl. oben S. 192.

muthlich die gegenseitigen Stipulationen aus [75]). Als Neben=
gegenstand eines Kaufgeschäfts haben die Juristen zuweilen
generisch bestimmte Sachen gefunden und anerkannt. Schon
der republikanische Jurist Alfenus Varus hat aus=
gesprochen [76]): Si quis, cum fundum venderet, dolia cen-
tum, quae in fundo esse adfirmabat, accessura dixisset,
quamvis ibi nullum dolium fuisset, tamen dolia emptori
debebit. Labeo aber scheint anderer Ansicht gewesen zu
sein: Si dolia octoginta accedere fundo, quae infossa
essent, dictum erit, et plura erunt quam ad eum nume-
rum, dabit emptori ex omnibus quae vult, dum integra
det: si sola octoginta sunt, qualiacunque emptorem se-
quentur nec pro non integris quicquam ei venditor prae-
stabit [77]).

Ist danach als höchst unwahrscheinlich zu bezeichnen,
daß Labeo unter dem Verkäufer, der in mora war, quominus vinum praeberetur et traderetur, einen Genusverkäufer
verstand, der den Wein nicht angeschafft hatte, oder daß er
überhaupt an einen Verkäufer dachte, der den Kaufgegenstand
nicht besaß, so ergiebt sich, daß fr. 51 cit. der von Thöl
vertretenen Ansicht keine Unterstützung gewähren, wohl aber
die vorstehenden, insbesondere unter V entwickelten Grund=
sätze bestätigen kann [78]).

In dem von Thöl ferner angeführten fr. 18 (17) de
per. et comm. 18, 6 referirt Pomponius die in fr. 51
cit. erhaltene Aeußerung des Labeo in abgekürzter und
ungenauer Fassung, um daran eine hier nicht interessirende

---

75) Vgl. dazu auch Kniep, Mora II, S. 71; ich beabsichtige,
die an dieser Stelle gegebene interessante Anregung demnächst mit
Rücksicht auf den Gegenstand dieser Untersuchung zu verwerthen.

76) Fr. 26 de A.E.V. 19, 1.

77) Fr. 54 § 1 cod.

78) Daß Thöl's Ansicht in das fr. 51 cit. die Beziehung auf
ein Fixgeschäft willkürlich hineinträgt, braucht hiernach schwerlich
ausgeführt zu werden.

kritische Bemerkung anzuknüpfen. Es versteht sich, daß die Meinung des L a b e o nicht aus dem Referat des P o m = p o n i u s, sondern aus seinen von J a v o l e n u s wieder= gegebenen Worten zu entnehmen ist.

Die Anschauung T h ö l's, daß ein Fixkäufer allein durch seine Versäumniß in Erfüllungsverzug gerathen könne, ohne daß der Verkäufer die verkaufte Sache zu haben brauche, findet also in den römischen Quellen keine Bestätigung, son= dern nur Widerspruch.

X.

Nachdem die Geltung der R e g e l : nur der erfüllungs= bereite Kontrahent kann Ansprüche wegen Erfüllungsverzugs erheben, mit Bezug auf Fixgeschäfte außer Zweifel gesetzt sein dürfte, ist nach den Ausnahmen zu fragen, die diese Regel bei Fixgeschäften erleiden kann. Es braucht nicht aus= geführt zu werden, daß die in der vorstehenden Darstellung ermittelten Ausnahmen auch bei Fixgeschäften anzuerkennen sind. Hier bleibt nur noch in der Beschränkung auf Fix= geschäfte die früher ausgesetzte Frage zu beantworten, welches Verhalten ein Kontrahent zur Erfüllungszeit zu beobachten hat, um den anderen Kontrahenten in Erfüllungsverzug zu versetzen, wenn der letztere zuvor die Erfüllung verweigert oder die Erfüllung ihm vorher unmöglich geworden ist.

Es ist bereits oben als eine Ausnahme von der gesetz= lichen Regel anerkannt, daß in solchem Falle der komm= pflichtige Kontrahent nicht zwecks Herstellung des Erfüllungs= verzuges zu kommen und zu bringen braucht. Vielmehr wird der kommpflichtige Kontrahent durch die vorgängige Weigerung des Gegners oder die vor der Erfüllungszeit eingetretene Unmöglichkeit der Erfüllung Seitens des Gegners in die Lage eines erwartungspflichtigen Kontrahenten versetzt.

Die erste Frage kann demnach dahin gestellt werden: Vermag ein erwartungspflichtiger Kontrahent den anderen

14*

Kontrahenten in Erfüllungsverzug zu versetzen ohne selbst erfüllungsbereit zu sein, wenn der andere Kontrahent vor der Erfüllungszeit erklärt hat, nicht gegen Leistung empfangen zu wollen?

Diese Frage ist von Windscheid und mehreren anderen Schriftstellern, wie bereits oben [79]) nachgewiesen ist, zugleich mit der anderen Frage, ob die mora accipiendi nach vorgängiger Annahmeweigerung ohne die Erfüllungsbereitschaft des Schuldners eintreten könne, aus Billigkeitsrücksichten bejaht worden. Hätte man sich ihrer Ansicht anzuschließen, so müßte man anerkennen, daß der Kontrahent eines Fixgeschäftes trotz eigener Erfüllungsunfähigkeit in dem bezeichneten Fall die Differenz zwischen dem Kaufpreise und dem Markt- oder Börsenpreise der Erfüllungszeit fordern könne.

Demgegenüber mag zunächst darauf hingewiesen werden, daß das Reichsoberhandelsgericht die verwandte Frage, ob nach vorgängiger Annahmeweigerung Seitens des Gläubigers dessen Annahmeverzug trotz der Erfüllungsunfähigkeit des Schuldners eintreten könne, mehrfach verneint hat [80]).

---

79) S. 183—185.

80) Entscheidungen des Reichsoberhandelsgerichts XVI, S. 422: „Wenn beim Distanzkauf der Käufer im Voraus, d. h. bevor der Verkäufer die Waare abgesendet hat oder der Zeitpunkt, wo sie abzusenden war, gekommen ist, eine Erklärung abgiebt, aus welcher mit Bestimmtheit hervorgeht, daß er dieselbe nicht annehmen werde, so wäre es dieser Erklärung gegenüber zwecklos, die Waare dennoch abzusenden. Die durch den Transport entstehenden Kosten müßten als rein frustratorisch erscheinen. Die nächste und selbstverständlichste Folge einer solchen Erklärung ist, daß, so lange sie nicht zurückgenommen worden, der Verkäufer nicht in Verzug mit der Lieferung kommen kann und sein etwa bereits eingetretener Verzug aufhört. Sie erscheint aber auch für den Eintritt der mora accipiendi des Käufers nicht ohne Bedeutung. Im vorliegenden Fall (in dem der Verkäufer die verkaufte Waare im Selbsthilfeverkauf veräußert hatte) kann dahingestellt bleiben, ob eine Erklärung der bezeichneten Art für sich allein im Stande sei, die mora acci-

Ob der Kontrahent eines Kaufvertrages Zug um Zug
nach seiner Weigerung trotz der Erfüllungsunfähigkeit des

piendi zu bewirken, insofern sie nur die eine Seite des
hierzu erforderlichen Thatbestandes — die Annahmeverweigerung — feststellt, jedoch ungewiß
läßt, ob der Verkäufer zur Erfüllungszeit im
Stande und bereit gewesen wäre, seine Verpflichtung zu erfüllen. Jedenfalls ist zweifellos, daß nachdem der
Käufer eine solche Erklärung abgegeben hat, der Verkäufer zu einer
Realoblation, die als zwecklos erscheinen müßte, nicht mehr verpflichtet ist, es vielmehr genügt, wenn er, sobald der (nicht fix bestimmte) Zeitpunkt zur Lieferung gekommen, dem Käufer kund gibt,
daß er im Stande und bereit sei, zu liefern, und wenn er ihm dabei
die zur Erklärung auf diese Kundgabe nöthige Frist gestattet".

Entscheidungen des Reichsoberhandelsgerichts IX, S. 266 ff.,
insb. S. 268: „Zur Begründung des Verzugs des Gläubigers gehört, daß der Grund der Verzögerung ausschließlich am Gläubiger
liegt, das trifft aber nicht zu, wo nichts vorliegt als die zum Voraus
erklärte Annahmeverweigerung des Gläubigers; diese und die Thatsache, daß der Grund der Nichterfüllung in dem Nichtwollen oder
Nichtkönnen des Schuldners liegt, sind vollkommen vereinbar.
Verzug des Gläubigers liegt erst vor, wenn feststeht, daß der Schuldner erfüllen wollte und
konnte. Die zum Voraus erklärte Annahmeverweigerung des
Gläubigers kann für sich allein sowenig den Verzug des Gläubigers
begründen, als die zum Voraus, d. h. noch vor der Interpellation
seitens des Gläubigers erklärte Erfüllungsweigerung für sich allein
den Verzug des Schuldners zu begründen vermag.

Vgl. Mommsen, Beiträge III, S. 144 ff., 176 ff.; Fritz,
Erläuterungen zu Wening Heft 3, S. 353; Seuffert, Prakt.
Pandektenrecht § 248 N. 2; Windscheid, Lehrb. II, § 345, 1 a. u.
Note 9 (1. Aufl.)".

Vgl. auch das Erkenntniß des Obertribunals in Seuff.
Archiv XXXII, 216, insb.: „Ferner ist aber auch in dem ge-
dachten Schreiben eine im voraus abgegebene Erklärung des Schuldners zu finden, daß er die Leistung, welche den Gegenstand der dem-
nächstigen Oblation bildet, nicht annehmen werde. Eine solche Erklärung befreite .. den Kläger von der Verpflichtung zu einer sonst
etwa erforderlichen Realoblation... Wenn hiernach Verklagter dem
Anspruche des Klägers nicht mit Erfolg entgegensetzen kann, daß
eine solche Realoblation nicht erfolgt sei, so fragt es sich weiter,
... welche Bedeutung der ferneren Einrede des Beklagten beizulegen

anderen Kontrahenten in Erfüllungsverzug gerathen könne,
haben die Reichsgerichte m. W. nicht zu entscheiden Gelegen=
heit gefunden.   Das Reichsgericht hat zwar die Ansicht be=
kundet (Entscheidungen Bd. VII S. 44), daß nach der be=
stimmten Erklärung des einen Theils, daß er sich an den
Vertrag nicht für gebunden erachte und nicht liefern werde,
eine „Inverzugsetzung" durch den anderen Theil nicht mehr
erforderlich sei.   Daß es aber unter der „Inverzugsetzung"
nur die Interpellation versteht, dürfte sich aus der folgenden
Begründung ergeben: „Nach der im kaufmännischen Verkehre
herrschenden Auffassung, welche hier maßgebend sein muß
(Art. 279 H.=G.=B.), und welche auch die Natur der Sache
für sich hat, kann einer solchen Erklärung nur die Bedeutung
beigelegt werden, daß sie die Inverzugsetzung überflüssig
macht, indem der Kontrahent, von welchem sie abgegeben
worden, unter Verzicht auf jede weitere Mahnung von Seiten
des anderen Theiles sich den gesetzlichen Folgen unterwirft,
welche einzutreten haben, wenn er gleichwohl zur Erfüllung
verpflichtet sein sollte."   Ob damit der Wille des Kontra=
henten, der die Erfüllung im Voraus verweigert hat, richtig
interpretirt ist, kann hier außer Betracht bleiben; es genügt
die Feststellung, daß das Reichsgericht sich nicht, wie in dem

---

sei, Kläger sei zu jener Zeit zur Erfüllung der angebotenen Leistung
nicht im Stande gewesen. Es ist unbestritten, daß ein Anbieten
dann nicht die Wirkung der wirklichen Erfüllung bezüglich der aus
derselben für den anderen Kontrahenten erwachsenden Verpflichtungen
haben kann, wenn dasselbe nur zum Schein erfolgt. Eine bloß
scheinbare Oblation liegt dann vor, wenn der Anerbietende zu der
Leistung nicht im Stande ist".
    Ein Widerspruch ist nicht in der Entscheidung des Reichsober=
handelsgerichts Bd. X, S. 241 zu finden, obwohl dieselbe sagt:
„Diese ernstliche anticipirte Abnahmeweigerung entbindet den Ver=
käufer von der Verpflichtung der Anwendung fernerer Thätigkeit zur
Herbeiführung der Vertragserfüllung, da diese ersichtlich eine nutz=
lose sein würde (vgl. Bd. IV, S. 19, 20)". In dem vorliegenden
Falle war die verkaufte Waare schon an den Käufer abgesandt.

Regiſter angegeben iſt, mit der Frage beſchäftigt hat, ob
der Verkäufer durch eine beſtimmte, vor Verfall ausgeſprochene
Weigerung der Erfüllung o h n e w e i t e r e s in Verzug
gerathe.

Daß die Bejahung dieſer Frage ſich nicht auf eine geſetz=
liche Ausnahmevorſchrift gründet, iſt bereits früher dargelegt;
deshalb würde ſie nur durch die hinſichtlich des Verzugs aus
Kaufgeſchäften in Betracht zu ziehende aequitas und bona
fides gerechtfertigt werden können. Es muß indeſſen ge=
leugnet werden, daß aequitas und bona fides die bezeichnete
Ausnahme von der geſetzlichen Regel erheiſchen.

Was man für dieſe Ausnahme anführen kann, iſt etwa
Folgendes: Hat der eine Kontrahent (A) ſeinen beſtimmten
und, wie der Ausgang gezeigt hat, dauernden Willen ge=
äußert, nicht abzunehmen und zu erfüllen, ſo kann dem
anderen Kontrahenten (B) nicht zugemuthet werden, daß er
dennoch den Gegenſtand ſeiner Leiſtung bereit halte. Man
würde damit eine vollkommen zwecklose Handlung von ihm
erfordern. Dem Kontrahenten A würde es keinen Nutzen
bringen, wenn B trotz der Erklärung des A die verkaufte
Waare anſchaffte oder das zur Zahlung des Kaufpreiſes
erforderliche Geld bereit hielte. Dies gilt insbeſondere beim
Fixgeſchäft, welches eine purgatio morae Seitens des A
ausſchließt.

Darauf iſt zu erwidern, daß eine Ausnahme von der
geſetzlichen Regel nicht erforderlich iſt, um den B von der
Verpflichtung zu befreien, den Gegenſtand ſeiner Leiſtung
trotz der Erklärung des Gegners bereit zu ſtellen. B kann
die in der Erklärung des A enthaltene Offerte eines Auf=
löſungsvertrages annehmen; aber auch wenn dies nicht ge=
ſchehen iſt, kann er nach der Mittheilung des A, ſofern
dieſe nicht rechtzeitig widerrufen wird, nicht ſeinerſeits in
Erfüllungsverzug gerathen. Will er das Kaufgeſchäft er=
gebnißlos verlaufen laſſen, ſo braucht er nicht nach der Er=

klärung des A die Waare oder den Preis bereit zu stellen[81]).
Eine andere Frage aber ist, ob er nun auch Ansprüche wegen
Erfüllungsverzuges gegen A erheben und insbesondere die
Differenz von ihm fordern kann.

Es wird sich bei der Erörterung der Termingeschäfte
zeigen, daß es für A, auch wenn er nicht abnehmen und er=
füllen will und kann, nicht immer gleichgiltig ist, ob B die
verkaufte Waare angeschafft und für ihn bereit gehalten hat.
Nehmen wir aber auch einstweilen an, daß A kein Interesse
daran habe, ob B die Waare für ihn bereit stellt, so ge=
winnt doch B, wenn er die Differenz fordern kann, ohne
sich die Waare beschafft zu haben, Vortheile, die durch Nichts
gerechtfertigt sind. Alle die Bemühungen und Kosten, welche
der Abschluß eines Realisirungsgeschäfts, eines Reportgeschäfts
oder Darlehenvertrages nöthig gemacht haben würde, bleiben
ihm erspart; dennoch soll er genau ebensoviel fordern dürfen,
wie derjenige, der alle diese Bemühungen und Kosten auf
sich genommen hat, nämlich die im Artikel 357 bezeichnete
Differenz. Hatte B, als die Erklärung des A einlief, Waare
oder Preis schon bereit liegen, so kann er nun daraus mittels
anderer Geschäfte Nutzen ziehen; gleichwohl soll er von A
die Differenz verlangen dürfen, wie ein Kontrahent, der
Waare oder Preis für den Gegner bereit hielt. Außerdem
aber ergiebt sich, wenn man den Differenzanspruch von der
Voraussetzung der Erfüllungsbereitschaft unabhängig macht,
daß B nach der Erklärung des A die Differenz auch ver=
langen kann, obwohl er ebenso wenig wie A hätte erfüllen
können. Nach der Ansicht Kohler's[82]) ist allerdings diese
bedenkliche Konsequenz auszuschließen; B könnte die Differenz
nicht fordern, wenn es sicher ist, daß er die ihm obliegende
Verpflichtung nicht hätte erfüllen können, so insbesondere,
wenn ihm Fähigkeit, Kräfte oder Mittel dazu gefehlt hätten.

---

81) Vgl. oben S. 188.
82) Vgl. oben S. 185.

Es braucht schwerlich ausgeführt zu werden, zu wie schwie=
rigen Beweiserhebungen diese Ausnahme von der behaupteten
Ausnahme nöthigen würde. In noch größere Schwierigkeiten
würde man gerathen, wenn man etwa von dem Differenz=
anspruch des B die Ersparnisse und Gewinne in Abzug
bringen wollte, welche ihm die ablehnende Erklärung des A
ermöglicht hat.

Dennoch bleibt der bekämpften Meinung ein gewichtiges
Argument. Hatte B schon vor dem Eingang der Erklärung
des A Vorbereitungen getroffen und konnte er erwarten, daß
ihm die Erfüllung Gewinn bringen werde, so kann ihm ge=
wiß nicht zugemuthet werden, daß er den Kaufvertrag er=
gebnißlos verlaufen lasse, gleich als ob derselbe nicht ge=
schlossen wäre.

Wenn aber B nur die Wahl haben soll, ob er den Kauf=
vertrag ergebnißlos verlaufen lassen oder die Vorbereitung
seiner Leistung zu Ende führen und dann Schadenersatz
fordern will, so müßte er, um auch nur Ersatz seiner bis=
herigen Aufwendungen zu erlangen, von der letzteren Befug=
niß Gebrauch machen. Er müßte also weitere Handlungen
vornehmen und weitere Aufwendungen machen, obwohl nach
der Erklärung des A anzunehmen ist, daß dieselben nicht zu
einem für A nützlichen Resultate führen werden: er müßte,
um Ersatz für den bisherigen geringeren Schaden zu be=
kommen, erst noch einen größeren Schaden herbeiführen. Es
erscheint durchaus zweckmäßig und billig, daß B die Befug=
niß gewährt wird, ohne Weiteres Ersatz der bisherigen Auf=
wendungen und Entschädigung für den entgangenen Gewinn
zu fordern. Dieser Anspruch aber läßt sich nach dem gel=
tenden Recht schwerlich anders als durch den Erfüllungs=
verzug des A begründen. Wäre es aber auch möglich, dem
B einen solchen Anspruch zuzubilligen, ohne daß man den
Erfüllungsverzug des A anzunehmen brauchte, so würde man
doch, wenn man von B den Nachweis seines damnum

emergens und lucrum cessans forderte, schwierige und lang=
wierige Beweiserhebungen nöthig machen; denn dann müßten
auch die Ersparnisse und Gewinne, die dem B dadurch er=
möglicht werden, daß er nicht Waare oder Preis für den A
bereit zu halten braucht, in Rechnung gestellt werden. Will
man nicht solche Uebelstände herbeiführen, so scheint nichts
übrig zu bleiben, als die Annahme, daß A in Folge seiner
Erklärung ohne Weiteres in Erfüllungsverzug gerieth, mit=
hin auch zur Zahlung der Differenz verpflichtet wurde.
Allerdings kann die Differenz nur unter der Voraussetzung
der Erfüllungsbereitschaft als der approximative Schadens=
betrag betrachtet werden. Nur der Käufer, welcher den Preis
zur Zahlung an den Verkäufer bereit hielt, hätte vom Ver=
käufer die Waare erlangen und sie dann sofort zum Markt=
oder Börsenpreise weiterverkaufen können. Hatte B den
Gegenstand seiner Leistung nach der Erklärung des A nicht
bereit gestellt, so würde er die Differenz nicht haben gewinnen
können, auch wenn A zur Erfüllung erschienen wäre. Gibt
man trotzdem dem B den Differenzanspruch, so gewährt man
ihm mehr als sein Schaden vermuthlich betragen hat. Die
Differenz ist nur zum Theil Schadensersatz, zum anderen
Theil Privatstrafe. Ein solcher Strafzuschlag ist aber aus
der gleichen Rücksicht auf die Schwierigkeiten des Schaden=
beweises zu rechtfertigen, wie bei der actio legis Aquiliae
nach römischem Recht.

Es wird nicht erforderlich sein, die Bedenken, welche dieser
Argumentation entgegenstehen, auszuführen, wenn dargelegt
werden kann, daß es keiner Ausnahme von der gesetzlichen
Regel bedarf, um dem B eine ausreichende Entschädigung
für die vor der Erklärung des A aufgewendeten Kosten und
Mühen und für den ihm entgehenden Gewinn zu ver=
schaffen.

B kann auf die Erklärung des A erwidern, daß er trotz=
dem seine Leistung bereit stellen und dann die Differenz

fordern werde, wenn A ihn nicht entschädige. A wird sich
dadurch, vorausgesetzt daß er den B für fähig hält, sich in
Erfüllungsbereitschaft zu setzen, veranlaßt sehen, eine Abstand=
summe zu bieten, die niedriger ist, als der Betrag des voraus=
sichtlichen Differenzanspruchs. B wird darauf berechnen,
welchen Gewinn ihm die Differenz nach Abzug der bereits
auf die Vorbereitung seiner Leistung gemachten und bei einer
weiteren Vorbereitung derselben erforderlichen Aufwendungen
bringen würde. Er wird auf der anderen Seite kalkuliren,
welcher Gewinn ihm zufallen wird, wenn er sein Kapital
nicht benutzt, um sich gegenüber A leistungsbereit zu machen,
sondern dasselbe in anderen Geschäften verwerthet. Findet
er, daß dieser letztere Gewinn zusammen mit der von A ge=
botenen Abstandsumme einen höheren Betrag ergiebt, als er
bei Bereitstellung seiner Leistung gegenüber dem A durch
Erhebung des Differenzanspruchs gewinnen könnte, so wird
er auf die Offerte des A gern eingehen. Geschieht dies aber,
so wird die Vertragsbeziehung zwischen A und B in einer
den Interessen beider Theile entsprechenden Weise gelöst und
vermieden, daß die Kontrahenten in einen schwierigen Prozeß
verwickelt werden. Es darf vermuthet werden, daß in den
meisten Fällen die Interessen der Kontrahenten zu diesem
Ausgleich hinleiten werden; jedenfalls aber darf nun von den
Anhängern der Ansicht Windscheid's der Nachweis er=
wartet werden, in welchen Fällen eine Ausnahme von der
gesetzlichen Regel bei vorgängiger Erfüllungsweigerung des
einen Kontrahenten durch die Billigkeit gefordert wird. Bis
dieser Nachweis erbracht wird, ist daran festzuhalten, daß
ein Kontrahent eines Fixgeschäfts trotz seiner vorgängigen
Erfüllungsweigerung nur dann in Erfüllungsverzug geräth
und also nur dann auf Zahlung der Differenz belangt wer=
den kann, wenn der andere Kontrahent den Gegenstand seiner
Leistung an dem Ort seiner Handelsniederlassung bezw. an
seinem Wohnort bereit gestellt hat.

Mit diefem Grundfatz verträgt fich die Bejahung der folgenden von Kohler geftellten Frage: „Oder foll etwa der Architeft, nachdem ihm der Bauherr kategorifch abgefchrieben hat, nichtsdeftoweniger pro forma mit ein paar Dutzend Arbeitern und Gefellen, mit Schaufel, Karft, Hacke und mit ein paar Steinfuhren an Ort und Stelle einrücken, um fo bewaffnet eine offizielle Abwehrung entgegen zu nehmen — gewiß eine hübfche Illuftration für die fliegenden Blätter, aber keine Handlung, welche das Recht verlangen darf". Allerdings braucht nach der auch hier vertretenen Annahme der Architeft nicht mit Arbeitern und Steinfuhren zu kommen, um den Bauherrn in mora accipiendi und solvendi zu ver= fetzen; er braucht nicht einmal zu diefem Zwecke die Arbeiter und die Steinfuhren irgendwo in Bereitfchaft zu halten; aber dies letztere nicht deßhalb, weil der Bauherr kategorifch ab= gefchrieben hat, fondern weil der Bauherr durch feine Er= klärung dem Architeften die Vorbereitung feiner Leiftung un= möglich gemacht hat [83]). Der Architeft konnte den Bau nicht herftellen, ohne fich der actio negatoria, dem interdictum uti possidetis oder quod vi aut clam, vielleicht auch einer Anklage wegen Hausfriedensbruches auszufetzen. Sollte fich bei Fir= gefchäften ereignen, daß die Erklärung des einen Kontrahenten die Vorbereitung der Leiftung des anderen Kontrahenten un= möglich macht, fo würde freilich kein Zweifel fein, daß der erfte Kontrahent ohne die Erfüllungsbereitfchaft des zweiten in Verzug gerathen könne [84]). Für den gewöhnlichen Fall, daß auch nach der Erklärung des einen Theils die Vorbereitung der Leiftung des anderen Theils möglich bleibt, ift damit nichts bewiefen.

Aus denfelben Gründen, aus denen in folchen Fällen an

---

83) Vgl oben IV, S. 170 f.

84) Danach find auch zu berichtigen die von einem ähnlichen Beifpiel ausgehenden Ausführungen Mommfen's (Beiträge III. S. 177), der im Uebrigen der hier vertretenen Meinung huldigt.

der gesetzlichen Regel festzuhalten ist, muß eine Ausnahme für den anderen Fall abgelehnt werden, daß einem der Kontrahenten (A) vor der Erfüllungszeit die Vorbereitung seiner Leistung — ohne das Zuthun des anderen Kontrahenten (B) — unmöglich geworden ist. Auch hier ist der Billigkeit genügt, wenn dem Kontrahenten B gemäß der gesetzlichen Regel zur Wahl gestellt wird, ob er den Vertrag ergebniß= los verlaufen lassen oder nach Bereitstellung seiner Leistung Verzugsansprüche, insbesondere den Differenzanspruch, geltend machen will. Auch hier kann aber B, indem er dem A an= droht, den letzteren Weg einzuschlagen, eine Pression auf A dahin ausüben, daß dieser sich zu einer den Interessen beider Theile entsprechenden Lösung des Vertragsverhältnisses verstehe.

Das Ergebniß der bisherigen Untersuchung ist: Auch für Fixgeschäfte gilt die Regel, daß der Erfüllungsverzug des einen Kontrahenten die Erfüllungs b e r e i t s c h a f t des anderen voraussetzt. Unter bestimmten Umständen brauchen gewisse zur Vorbereitung der Uebergabe erforderliche Handlungen behufs Herstellung des Erfüllungsverzuges nicht vorgenommen zu werden. Unter diesen Ausnahmefällen findet sich aber kein Fall, in welchem dem Kontrahenten, welcher seinen Gegner in Verzug setzen will, alle Vorbereitungshandlungen erspart bleiben könnten. Die Verzugsansprüche, insbesondere die Differenzansprüche, sind also immer davon abhängig, wie sich der sie erhebende Kontrahent vor dem Ablauf der Er= füllungszeit verhalten hat. Es sei gestattet, einen Kontra= henten, der dasjenige gethan hat, was er zwecks Herstellung des Erfüllungsverzuges nach Regel u n d A u s n a h m e n thun mußte, als erfüllungs f ä h i g zu bezeichnen.

XI.

Ist streitig, ob der Kontrahent eines Fixgeschäfts, welcher vom Gegner die Differenz wegen Nichterfüllung fordert, den

Anforderungen genügt hat, die nach den entwickelten Grundsätzen an sein Verhalten vor dem Ablauf der Erfüllungszeit
gestellt werden müssen, so fragt sich, ob die Beweislast den
Kläger oder den Beklagten trifft.

Diese Frage dürfte kurz zu beantworten sein, ohne daß
es erforderlich wäre, den schwankenden Boden der Beweislast-
theorien zu betreten.

Wer annimmt, daß ein Kaufkontrahent einen Anspruch
auf die Leistung des anderen Kontrahenten nur gewinnt, indem er sich zur Gegenleistung in den Stand setzt, muß selbstverständlich den Beweis dieser Voraussetzung seines Anspruchs
und damit auch des Erfüllungsverzuges dem Kläger auflegen.
Bei Fixgeschäften entsteht nach dieser Auffassung ein Anspruch
auf die Leistung des anderen Theils am Ende der Erfüllungszeit nur für den Kontrahenten, welcher Alles, was ihm
oblag, gethan hatte, um seinerseits erfüllen zu können. Es
unterliegt aber keinem Zweifel, daß der Kontrahent, welcher
wegen Erfüllungsverzuges klagt, die Entstehung des Anspruchs
beweisen muß, mit dessen Erfüllung der Gegner in Verzug
gerathen sein soll.

Aber auch die herrschende Meinung, welche den Hinweis
des Beklagten darauf, daß der Kläger zu einer Gegenleistung
Zug um Zug verpflichtet sei, als eine exceptio erscheinen
läßt, führt zu demselben Ergebniß. Denn es ist allgemein
anerkannt, daß der auf Erfüllung klagende Kontrahent gegenüber der exceptio non adimpleti contractus die Behauptung,
daß er seinerseits erfüllt habe, zu beweisen hat. Aus denselben Gründen aber, die für diese Regelung der Beweislast
sprechen, ergiebt sich, daß der Kontrahent, welcher statt der
Erfüllung Schadensersatz verlangt, dasjenige Verhalten nachweisen muß, ohne welches der Kläger einen zur Begründung
des Erfüllungsverzuges tauglichen Anspruch nicht gewinnen
kann.

Die Frage der Beweislast bei Ansprüchen wegen Erfül-

lungsverzuges ist also ebenso zu beantworten wie die gleiche
Frage bei Ansprüchen wegen Annahmeverzuges. Es ist un=
bestritten, daß der Schuldner, wenn er sich auf die mora
creditoris beruft, den positiven Beweis seiner Erfüllungs=
fähigkeit, nicht aber der Gläubiger den negativen Beweis der
Erfüllungsunfähigkeit des Schuldners zu erbringen hat.

Die Motive zum Entwurf eines bürgerlichen Gesetzbuchs
für das Deutsche Reich erster Lesung bemerken dazu mit
Recht[35]): „Es versteht sich, daß in denjenigen Fällen, in
welchen das Leistungsvermögen nach der Beschaffenheit der
Leistung und der Persönlichkeit des Schuldners keinem Be=
denken unterliegen kann, der Richter bei dem Prinzip der
freien Beweiswürdigung einen weiteren Beweis nicht erfordern
wird, insbesondere dann, wenn das Leistungsvermögen nur
bei Unterstellung der durch nichts angezeigten Insolvenz des
Schuldners sich in Zweifel ziehen ließe". Entsprechendes
darf unbedenklich hinsichtlich des Erfüllungsverzuges bei Kauf=
verträgen Zug um Zug gesagt werden. Ist der klagende
Käufer ein Kapitalist, der größere Baarbestände zu haben
pflegt, so wird der Richter sich auch ohne Beweis überzeugt
halten dürfen, daß der Kläger auch die zur Zahlung des
Preises erforderliche Geldsumme in Bereitschaft hatte. Ist
der klagende Verkäufer ein Kaufmann, der erhebliche Vor=
räthe der verkauften Waare auf Lager zu halten pflegt, so
kann man ohne Weiteres annehmen, daß er auch an dem
Tage, an dem der Käufer kommen sollte und nicht gekommen
ist, das an ihn zu liefernde verhältnißmäßig geringe Quan=
tum zu seiner Disposition hatte. Aber auch dann, wenn der
Kläger nicht immer so viel Geld oder Waare zu seiner Ver=
fügung hat, als er an den Gegner zur Erfüllungszeit bei
dessen Erscheinen zu übergeben gehabt hätte, wird man viel=
fach berechtigt sein, von einer Beweiserhebung über die Er=

---

85) II, S. 70.

füllungsfähigkeit des Klägers abzusehen, sofern die Nach=
weisungen des Beklagten nicht zu Bedenken Veranlassung
geben. Im bürgerlichen Leben wie namentlich auch im
Handelsverkehr darf man als die Regel betrachten, daß jeder
Kontrahent Alles aufbietet, sich zur Erfüllung seiner Ver=
bindlichkeiten in den Stand zu setzen. Wer ein gutes Ge=
schäft gemacht hat, wird sich dazu doppelt getrieben fühlen
und regelmäßig wird es ihm nicht schwer fallen, seine Leistung
möglich zu machen. Aber auch wer einen unglücklichen Kauf
abgeschlossen hat, wird sich durchweg mit allen Kräften be=
streben, ihn zu erfüllen; denn die Nichterfüllung gefährdet
den Kredit und begründet die Aussicht auf Prozeß und Zwangs=
vollstreckung.

So ist es vollkommen gerechtfertigt, daß man vielfach in
Prozessen, welche Geschäfte des bürgerlichen wie des Handels=
verkehrs zum Gegenstand haben, eine praesumtio facti für
die Erfüllungsfähigkeit des Klägers hat walten lassen.

Aber es giebt Fälle, in denen eine solche praesumtio facti
den thatsächlichen Verhältnissen Hohn spräche.

XII.

Bei der Anwendung der im Vorstehenden nachgewiesenen
Rechtssätze auf die Differenzansprüche wegen Nichterfüllung
von Termingeschäften sind die Termingeschäfte in Effekten
und Produkten zu unterscheiden.

An den beiden für den Terminhandel in E f f e k t e n in
Betracht kommenden deutschen Börsen — Berlin[86]) und

---

86) Hier wie im Folgenden werden auch die Gebräuche der=
jenigen Börsen berücksichtigt, welche nicht dem gemeinrechtlichen Ge=
biet angehören. Selbstverständlich sind die in dieser Abhandlung
entwickelten Rechtssätze auf Geschäfte, die Berlin, Breslau oder
Mannheim zum Erfüllungsort haben, nur insoweit anwendbar, als
das preuß. Landrecht und das französische Recht mit dem gemeinen
Recht übereinstimmen. Inwiefern dies der Fall ist, bleibt der Unter=
suchung der Kenner des preuß. Landrechts und des französischen
Rechts überlassen.

Frankfurt — ist nach den in die Schlußzettel aufgenommenen Bedingungen der Verkäufer verpflichtet, an dem bestimmten Erfüllungstage[87]) bis zum Ablauf der genau festgesetzten Geschäftszeit die verkauften Effekten dem Käufer in dessen Geschäftslokal gegen Baarzahlung zu liefern. Das Termingeschäft auf Kündigung oder Ankündigung ist an den Effektenbörsen selten, während es umgekehrt an den Produktenbörsen die Regel bildet. Es kann deßhalb an dieser Stelle unberücksichtigt bleiben. Hervorzuheben ist, daß — von diesen Ausnahmen abgesehen — keiner der Kontrahenten dem Austausch am Termin irgend welche Mittheilungen vorhergehen zu lassen braucht.

Danach ergiebt sich hinsichtlich der Voraussetzungen von Differenzansprüchen aus Effektentermingeschäften:

1. Der Käufer ist zur Zahlung der Differenz nur verpflichtet, wenn ihm der Verkäufer oder ein Anderer statt des Verkäufers die vertragsmäßig beschaffenen Effekten bis zum Ablauf der Geschäftszeit am Erfüllungstermin gebracht hat; selbstverständlich genügt es nicht, wenn der Verkäufer Stücke gebracht hat, über die er nicht durch Uebergabe verfügen konnte[88]). Nur wenn der Käufer vor dem Termin erklärt hatte, daß er zu dem Austausch nicht mitwirken werde, thut der Verkäufer damit genug, daß er die Effekten am Ende der Erfüllungszeit für den Käufer zur Verfügung hält.

2. Der Verkäufer ist zur Zahlung der Differenz nur verpflichtet, wenn der Käufer oder ein Anderer für ihn in dem Geschäftslokal des Käufers am Ende der Erfüllungszeit die zur Zahlung des Preises erforderliche Geldsumme für den Verkäufer bereit gehalten hat.

Termingeschäfte in Produkten werden regelmäßig auf

---

87) Ultimo oder ein ihm naheliegender Tag.

88) Vgl. betr. Scheinoblation auch Protokolle der Nürnb. Konferenz zum H.-G.-B. 676.

83. 2.

15

Ankündigung geschlossen [89]). Der Verkäufer ist berechtigt, an einem beliebigen Tage der Lieferungsfrist dem Käufer die Waare durch Uebermittelung eines „Ankündigungs"= oder „Andienungsscheins" anzumelden. Dieser Schein muß genaue Angaben namentlich über die Lagerstelle der Waare am Börsenorte enthalten. Innerhalb einer bestimmten kurzen Frist nach der Ankündigung hat der Käufer gegen Uebergabe der Waare an dem bestimmten Lagerort den Kaufpreis zu zahlen. Erweist sich eine angekündigte Waare als nicht ver= tragsmäßig, so darf der Verkäufer bis zu einem bestimmten Tage vor dem Ablauf der Erfüllungsfrist aufs Neue an= kündigen und damit eine neue engere Erfüllungsfrist fest= setzen. Ist die Waare nicht bis zu einem bestimmten Tage vor dem Ablauf der Erfüllungsfrist angekündigt, so braucht der Käufer sie nicht mehr abzunehmen und zu bezahlen.

In Verbindung mit den ermittelten Rechtssätzen ergeben diese Bestimmungen insbesondere [90]) das Folgende:

1. Damit der Käufer zur Zahlung der Differenz ver= pflichtet werde, muß der Verkäufer innerhalb der ihm zu diesem Zwecke gewährten Frist die Waare angekündigt haben und ferner von der Ankündigung bis zum Ende der durch dieselbe festgesetzten engeren Erfüllungsfrist an dem bezeich= neten Lagerort zur Uebergabe an den Käufer bereit gehalten haben. Nur Vorbereitungshandlungen, welche vor dem Er= scheinen des Käufers nicht vorgenommen werden können oder bei vernünftigem Geschäftsbetrieb nur in zeitlichem Zusammen= hang mit der Uebergabe vorzunehmen sind, dürfen unterlassen werden.

2. Der Verkäufer kann nach geschehener Ankündigung nur zur Zahlung der Differenz verpflichtet werden, wenn

---

89) Die nachstehenden thatsächlichen Feststellungen nehmen auf juristisch irrelevante Besonderheiten einzelner Börsenbedingungen keine Rücksicht.

90) Eine erschöpfende Kasuistik wird hier nicht angestrebt.

der Käufer oder ein Anderer statt seiner den Preis zum Austausch mit der Waare gebracht hat.

Hat der Verkäufer die Waare nicht bis zu dem letzten dafür zu Gebote stehenden Tage angekündigt, so ist dem Verkäufer seine Leistung vor der Erfüllungszeit unmöglich geworden. In diesem Falle braucht der Käufer den Preis nicht zu bringen; er muß aber, wenn er die Differenz fordern will, den Preis am Ende der Erfüllungszeit zu seiner Verfügung haben. Wenn er dieser Voraussetzung des Differenzanspruchs genügen kann, so ist er in der Lage, den Verkäufer zur Gewährung einer Abfindung zu veranlassen und sein Kapital oder seinen Kredit zu anderen Zwecken frei zu machen.

Wird streitig, ob der Differenzkläger den bezeichneten Voraussetzungen entsprochen hat, so liegt der Beweis dem Kläger ob.

XIII.

Ehe die praktische Bedeutung der gewonnenen Sätze beleuchtet und auf die Bedenken eingegangen werden kann, welche ihnen gegenüber zu erwarten sind, muß Folgendes bemerkt werden.

Der Abschluß von Termingeschäften zwischen Börsenfirmen und Börsenexternen wird dadurch ermöglicht, daß die Börsenfirmen zugleich als Vertreter ihrer Kunden fungiren. Dies ist nicht allein der Fall, wenn ein Kommissionshaus mittels des Selbsteintritts ein Termingeschäft mit einem Börsenexternen abschließt, sondern dies gilt nach der von Sachverständigen vor der Börsenenquetekommission bekundeten Auffassung auch, wenn ein Produktengeschäft von vornherein als Proprehändler aufgetreten ist. Ob diese Anschauung rechtlichen Bedenken unterliegt, soll hier nicht erörtert werden. Ist sie zulässig, so hat die Börsenfirma als Verkäuferin die verkauften Effekten an sich selbst als die Vertreterin des

Käufers zu liefern, vorausgesetzt, daß sie von dem Ver=
tretenen in die Lage gesetzt ist, sich gleichzeitig den Preis
anzueignen.   Da das Bankgeschäft also behufs Erfüllung
die verkauften Effekten nicht zum Käufer zu bringen braucht,
kann sie ihn in Erfüllungsverzug versetzen, wenn sie die
verkauften Stücke nur in ihrem Geschäftslokal bereit hält.
Ohne dies aber kann sie ihn nicht in Verzug setzen, da sie
nur unter dieser Voraussetzung die Effekten vor dem Ablauf
der Erfüllungszeit durch constitutum possessorium in das
Eigenthum des Käufers übergehen lassen kann.   Ebenso
braucht eine Produktenfirma die verkaufte Waare nur sich
selbst als der Bevollmächtigten des Käufers anzukündigen;
das übernommene Mandat verpflichtet sie freilich dem Kunden
von der geschehenen Ankündigung Mittheilung zu machen.
Selbstverständlich aber ist auch eine Kündigung an sich selbst
wirkungslos, wenn die Waare nicht an dem angekündigten
Ort zur Verfügung des Verkäufers steht.

Danach braucht allerdings eine Börsenfirma, um von
ihrem Kunden die Differenz verlangen zu können, nicht nach=
zuweisen, daß sie ihm die verkauften Effekten gebracht oder
die verkaufte Waare rechtzeitig angekündigt habe; immer
aber muß sie zu diesem Zwecke beweisen, daß sie den Gegen=
stand ihrer Leistung am Ende der Erfüllungsfrist bezw. am
Ende der für die Ankündigung gewährten Frist zu ihrer
Verfügung gehabt hat.   Der Börsenexterne dagegen kann
die Differenz nur beanspruchen, wenn er den Gegenstand
seiner Leistung rechtzeitig gebracht hat; denn nur unter dieser
Voraussetzung ist die Börsenfirma verpflichtet, ihre Gegen=
leistung an sich selbst als die Bevollmächtigte des Kunden
zu liefern, um sie nunmehr als dessen Detentor zu bewahren.

Differenzansprüche von Börsenexternen gegen Börsen=
firmen kommen nun nicht selten dadurch zur Kognition
ordentlicher Gerichte, daß sie gegenüber den höheren Differenz=
ansprüchen der klagenden Börsenfirmen compensando geltend

gemacht werden. Es wird fchwerlich behauptet werden, daß
die Börfenexternen regelmäßig im Stande feien, ihre Diffe=
renzanfprüche durch den nach dem Vorftehenden erforderlichen
Nachweis zu begründen. Vielmehr darf vermuthet werden,
daß das Termingefchäft nicht zu einem Differenzanfpruch
geführt hätte, fondern durch beiderfeitige Erfüllung erledigt
wäre, wenn der Börfenexterne rechtzeitig den Gegenftand
feiner Leiftung feinem Gegner zugeftellt hätte.

Wichtiger ift die Frage, ob anzunehmen ift, daß alle die
Börfenfirmen, welche in den letzten Jahren zahllofe Klagen
auf Zahlung von Differenzen vor ordentlichen Gerichten er=
hoben haben, den Nachweis hätten erbringen können, daß
fie den Gegenftand ihrer Leiftung am Ende der Erfüllungs=
frift bezw. der Ankündigungszeit zu ihrer Verfügung hatten.
Viele werden geneigt fein, diefe Frage ohne Weiteres zu
bejahen. Es fcheint kein Zweifel daran beftehen zu können,
daß eine Börfenfirma fich regelmäßig in den Stand fetzt,
ihren Verpflichtungen aus den von ihr abgefchloffenen Ge=
fchäften zu genügen.

So richtig dies für den Gefchäftsverkehr zwifchen Börfen=
firmen fein mag [91]), fo bedenklich ift die gleiche praesumtio
facti hinfichtlich der Gefchäfte zwifchen Börfenfirmen und
Börfenexternen. Sicherlich führt ein wenn auch nicht erheb=
licher Theil folcher Gefchäfte zur Erfüllung durch Austaufch
von Waare und Preis. In vielen Fällen muß die Börfen=
firma fich darauf gefaßt machen, daß der Kunde feine
Leiftung bringen und die Gegenleiftung fordern wird. Regel=
mäßig aber wird die Börfenfirma von der Abficht des
Kunden, dies zu thun, fo frühzeitig Kenntniß erhalten, daß
fie fich die Gegenleiftung vor dem Ablauf der Erfüllungs=
zeit befchaffen kann. Dies gilt zunächft für die Käufe der
Produktenfirmen; der Verkäufer kann die Erfüllung gar

---

91) Vgl. oben S. 157, 215.

nicht verlangen, wenn er nicht bis zu einem bestimmten Zeit=
punkt vor dem Ablauf der Erfüllungszeit die Waare an=
gekündigt hat.   Kündigt der Verkäufer die Waare auch erst
im letzten Augenblick an, so hat die Börsenfirma noch reichlich
genug Zeit, das zur Zahlung des Preises erforderliche Geld
bereit zu stellen; ist doch aus Börsenkreisen oft behauptet
worden, daß j e d e r glückliche Spekulant sich Waare oder
Geld in der kürzesten Zeit zu beschaffen vermöge, auch wenn
seine Kreditwürdigkeit noch so zweifelhaft wäre. Es darf also
vermuthet werden, daß die als Käuferin auftretende Pro=
duktenfirma, ehe sie die zur Zahlung des Preises benöthigte
Summe bereit legt, den Ablauf der für die Ankündigung be=
stehenden Frist abwartet; wenn diese aber ohne Ankündigung
verstrichen ist, wird sie bei der heutigen Praxis schwerlich
das Geld anschaffen, um damit ihre Differenzforderung zu
begründen.   Ebenso sind die Bankfirmen gegen jede Ueber=
raschung durch das Erfüllungsverlangen des Kunden ge=
sichert, wenn sie, wie vielfach geschieht, die Vorsicht gebrauchen,
in ihre Geschäftsbedingungen eine Bestimmung, wie die fol=
gende, aufzunehmen[92]): „Ultimo=Engagements bin ich, falls
die diesbezüglichen Dispositionen nicht spätestens drei Tage vor
dem Liquidationstermin in meinem Besitz sind, nach meinem
eigenen Ermessen zu lösen oder zu prolongiren befugt.“
Aber auch wenn die Börsenfirma gegen ein plötzliches Er=
füllungsverlangen der Kunden nicht vollkommen geschützt ist,
wird sie doch vielfach keine Veranlassung finden, sich leistungs=
bereit zu machen.   In den meisten Fällen darf sie darauf
rechnen, daß der Kunde sie von seiner Absicht, die Waare
abzunehmen oder zu liefern, vorher benachrichtigt; in vielen
Fällen kann sie schon aus der Lebensstellung des Kunden
mit Sicherheit schließen, daß derselbe Erfüllung nicht ver=
langen wird.   Es ist schwerlich zu vermuthen, daß die

---

92) Aus den Geschäftsbedingungen von J e a n F r ä n k e l,
Bankgeschäft in Berlin.

Spekulationsfirma, welche von einem Kellner 30 000 Mk. Nominal Dresdner Bankaktien gekauft oder an einen Hausknecht 200 Lombarden verkauft hat, sich auf die Erfüllung solcher Termingeschäfte einrichtet. Vorsichtige Firmen werden sich allerdings zur Erfüllungszeit wenigstens so viel Waare und Geld zur Verfügung halten, als zur Befriedigung unvermuthet erscheinender Kunden erforderlich ist. Dagegen dürften zahlreiche Börsenkaufleute es für Verschwendung halten und außer Stande sein, zur Erfüllungszeit Waare und Geld für alle ihre Kunden bereit zu halten. Darauf, daß manche Börsenfirmen, wenn sie mit einem Externen ein Termingeschäft abschließen, zu ihrer Sicherung die Waare, die sie verkaufen oder kaufen, gleichzeitig für eigene Rechnung an der Börse kaufen, bezw. verkaufen, darf man sich nicht eher berufen, als bis nachgewiesen wird, daß solche Gegengeschäfte wirklich benutzt werden, um Waare oder Preis zu erlangen und nicht vor Ablauf der Erfüllungszeit mittels Gegenoperationen liquidirt werden.

Sollte in der gemeinrechtlichen Praxis der Satz Anerkennung finden, daß nach dem geltenden gemeinen Recht nur der erfüllungsfähige Kontrahent die Differenz beanspruchen kann, so wäre zu vermuthen, daß viele Differenzansprüche von Börsenfirmen erheblichen Hindernissen begegnen würden.

Freilich ist gegen die praktische Bedeutung dieses Satzes von kaufmännischer Seite eingewandt worden, daß eine Börsenfirma mit geringen Waaren oder Geldbeständen ihre Erfüllungsfähigkeit im weitesten Umfang beweisen könne. Es ist gegenüber meinen früheren Ausführungen gesagt worden, daß man im Besitz von 500 Sack Kaffee seine Erfüllungsfähigkeit für eine Million Sack Kaffee beweisen könne, vorausgesetzt natürlich, daß keiner der Käufer mehr als 500 Sack gekauft hatte.

Dies wäre vielleicht — abgesehen von den Schwierigkeiten, die einer mehrfachen Andienung der 500 Sack entgegenstehen würden — richtig, wenn der Richter den Schein eines Beweises für einen Beweis gelten lassen dürfte.

Zu beweisen ist, daß der Kläger zur Erfüllungszeit die verkaufte Waare oder den Kaufpreis zur Uebergabe an den Käufer bereit hatte. Das ist nicht der Fall, wenn der Kläger zwar Waare und Geld hatte, aber zur Erfüllung anderer Verbindlichkeiten. Die Börsenfirma kann ihre Erfüllungsfähigkeit nur beweisen, indem sie entweder darthut, daß sie zu Ende der Erfüllungszeit in der Lage war, alle ihr zu dieser Zeit obliegenden Leistungen zu bewirken, oder daß sie gerade dem Beklagten gegenüber erfüllungsfähig[93]) war. Der erstere Beweis wird selten angetreten werden, um den letzteren zu erleichtern, ist Art. 358 des Handelsgesetzbuchs aufgenommen:

> „In den Fällen des Art. 357 ist jeder Kontrahent berechtigt, den Verzug des anderen Kontrahenten auf dessen Kosten durch eine öffentliche Urkunde (Protest) feststellen zu lassen."

Damit erledigt sich der erste Einwand, welcher gegenüber dem gewonnenen Ergebnis zu erwarten ist. Es ist gegenüber meinem Aufsatz: „Differenzgeschäft und Differenzklausel" in der Börsenenquetekommission von Mitgliedern und Sachverständigen mehrfach behauptet worden, daß man der Chikane Thor und Thür öffne, wenn man dem Beklagten den Einwand gestatte, daß der Kläger nicht erfüllungsfähig gewesen sei. Davon kann m. E. nicht die Rede sein. Die klagende Börsenfirma kann ihre Erfüllungsfähigkeit sofort außer Zweifel stellen, indem sie den Protest vorlegt, welcher bekundet, daß die Klägerin ein spezialisirtes Quantum Waare oder Geld für den Beklagten zur Uebergabe bereit gehalten hat. Dieses Beweismittel scheint auch von einem Theil der Börsenfirmen als zweckentsprechend befunden zu sein. Der

---

93) In dem oben S. 213 bezeichneten Sinn dieses Wortes.

von der Börsenenquetekommission vernommene Sachverstän=
dige Bankier Salomon in Berlin, hat auf die Frage, ob
es den Grundsätzen des Börsenverkehrs entspricht, daß nur
demjenigen ein Klagrecht auf die Differenz gegeben wird, der
selbst zu erfüllen in der Lage ist, geantwortet[94]): „Man
scheint in Börsenkreisen anzunehmen, daß die Judikatur auch
heute zum Theil sich darauf richtet, wenigstens pflegen oft
genug diejenigen, deren Gegenkontrahenten im Rückstande
geblieben sind, das Papier am Erfüllungsort protestiren zu
lassen, und zwar notariell, um zu konstatiren, daß sie das
Papier zu liefern in der Lage sein würden oder anderer=
seits festzustellen, daß sie es zu bezahlen bereit wären, indem
sie dem Notar das Kaufgeld geben, es an den Erfüllungs=
ort schicken und anbieten lassen.“

Ein zweiter Einwand wird etwa folgendermaßen lauten:
Hat der Differenzkläger sich nicht zur Erfüllungszeit er=
füllungsfähig gemacht, so hätte er es doch leicht thun und
sich damit den Differenzanspruch verschaffen können. Wer
theuer verkauft hat, kann sich leicht die billigere Waare an=
schaffen; wer billig gekauft hat, kann sich leicht das zur
Zahlung des Kaufpreises benöthigte Geld leihen; der glück=
liche Spekulant ist immer ein kreditwürdiger Mann. Soll
man ihm nun, weil er unterlassen hat, was er so leicht
hätte thun können, den Gewinn absprechen, der ihm zufallen
müßte, wenn er es gethan hätte? Das wäre doch eine zu
harte Strafe für die kleine Unterlassung! Ist wirklich das
bestehende Recht so rigoros, so muß der Richter die Freiheit,
welche ihm bei der Beurtheilung der Kaufverträge wie des
Verzuges eingeräumt ist, benutzen, um sich darüber hinweg=
zusetzen.

Es wird sich an späterer Stelle Gelegenheit bieten, auf
diese Argumentation zurückzukommen. Hier mag einstweilen
Folgendes entgegnet werden.

94) Stenogr. Ber. 1323.

Das gemeine Recht läßt bekanntlich den Erfüllungsverzug nicht eintreten, wenn der Schuldner sich entschuldigen kann. Von verschiedenen Seiten wird aber behauptet, daß bei Fix= geschäften nach dem Willen der Kontrahenten die Entschuldi= gung der Versäumniß ausgeschlossen sei [95]). Ob diese Meinung richtig ist, braucht hier nicht erörtert zu werden; daß sie verbreitet ist, dürfte daraus hervorgehen, daß, so viel mir bekannt geworden ist, wenigstens gegenüber Differenzklagen aus Termingeschäften niemals Entschuldigungsgründe zu Gunsten des Beklagten Beachtung gefunden haben. Der Beklagte also ist zu verurtheilen, auch wenn ein unglücklicher Zufall das rechtzeitige Eintreffen der Waare oder des Geldes verhindert hat, der Kläger aber ist zu entschuldigen, wenn er keinen Finger geregt und keinen Pfennig ausgegeben hat, um sich Waare oder Geld zu verschaffen!

Sollte das der aequitas entsprechen?

Der dritte und wichtigste Einwand, den ich erwarte, ist folgender: Wenn die Börsenfirma voraussah, daß der Kunde nicht erfüllen werde oder wenn gar dem Kunden vor dem Ab= lauf der Erfüllungszeit seine Leistung unmöglich geworden ist, so würde man der Börsenfirma mit der Anforderung, daß sie behufs Erlangung der Differenz Waare oder Preis an= schaffe, ein für den Kunden nutzloses, zweckloses, unwirth= schaftliches Handeln zumuthen.

Demgegenüber mag hier dem früher [96]) Gesagten folgende Erwägung hinzugefügt werden: Wenn ein Verkäufer, der nach der heutigen Praxis die Differenz erhält, ohne sich die Waare verschafft zu haben, genöthigt wird, sich zum Stich= tage mit der Waare durch einen Realisationskauf oder ein

---

95) Vgl. Lamprecht, Verzug beim Kauf im Archiv f. Handelsr. N. F. I, S. 15; Keyßner, Allg. deutsch. H.=G.=B. u. Rechtsprech. u. Wissenschaft; Endemann, Handelsrecht⁴ (1887), § 136 B., S. 495.

96) Vgl. oben S. 207 ff.

Reportgeschäft zu versehen, so kann unter Umständen der vorgenommene Realisationskauf oder das Reportgeschäft einen Einfluß auf den Börsenpreis am Stichtage ausüben. Handelt es sich nämlich um Effekten, die nur einen beschränkten Markt besitzen, so kann schon dadurch, daß ein Einzelner eine nicht einmal erhebliche Quantität derselben an der Börse zu kaufen sucht, der Kurs erhöht werden[97]). Der Kurs des Stichtages ist aber maßgebend für die Berechnung der Differenz. Erhöht er sich, so vermindert sich oder verschwindet der Differenzanspruch gegen den Käufer.

Andere Effekten und fast alle Produkte haben einen so ausgedehnten Markt, daß ein einzelnes Kaufangebot eine Einwirkung auf den Börsenpreis nicht ausübt. Würden aber die Börsenfirmen durch die Anwendung der hier entwickelten Rechtssätze genöthigt, zur Begründung von Differenzansprüchen 100 oder 1000 Verkäufe vor Ablauf des Stichtages durch Käufe oder Reportgeschäfte zu decken, so würde eine Einwirkung auf den Börsenpreis und damit auf die Höhe oder den Bestand der Differenzansprüche nicht ausbleiben[98]).

---

97) Es ist aus dem Prozeß gegen den Bankier Polke bekannt, daß derselbe durch ein Angebot über 12 000 M. Façonschmiede-Aktien den Kurs erheblich zu Ungunsten seiner Kommittenten verschob.

98) Im Anschluß an die Bemerkung eines Sachverständigen, die Anforderung, daß der Verkäufer sich die Waare zur Erfüllungszeit anschaffe, sei „ein Faktor von außerordentlicher Tragweite für die ganze Entwicklung der Preisbildung" (Stenogr. Ber. 2791) hat der stellvertretende Vorsitzende der Börsen-Enquête-Kommission, Geh. Oberregierungsrath Gamp, geäußert: „Ich glaube, daß Herr Klepper mit Recht auf den Einfluß hingewiesen hat, den das auf die Preisbildung hat. Wenn der Verkäufer den Käufer in Anspruch nehmen darf, ohne die Waare zu haben, so würden andere Preise herauskommen, als wenn er die Waare besitzen mußte. Wenn 100 Verkäufer da sind, von denen keiner die Waare hat, so würde der Preis ein ganz anderer sein, als wenn diese 100 Verkäufer wirklich die Waare haben müßten und nur dann die Differenz in

Danach wird das Verlangen, daß der Verkäufer sich be=
hufs der Begründung eines Differenzanspruchs unter allen
Umständen die Waare anschaffe, schwerlich als pedantisch be=
zeichnet werden können. Weitere wirthschaftliche Konsequenzen
zu verfolgen, ist nicht die Sache des Juristen.

XIV.

Bisher ist vorausgesetzt worden, daß die Termingeschäfte
keine Bestimmungen über die Voraussetzungen der Differenz=
ansprüche enthalten.

Diese Voraussetzung ist unzutreffend. In den Usancen
der meisten deutschen Börsen finden sich Bestimmungen,
welche bezwecken, den unbequemen Grundsatz, daß nur der
erfüllungsfähige Kontrahent die Differenz fordern dürfe, zu
beseitigen und statt dessen den Satz zu proklamiren: Auch
der in Verzug befindliche Kontrahent kann die Differenz be=
anspruchen.

Es erscheint zweckdienlich, den bereits in meiner Abhand=
lung „Differenzgeschäft und Differenzklausel" gelieferten Nach=
weis dieser für die Termingeschäfte maßgebenden Bestim=
mungen hier zu wiederholen.

Doch muß Folgendes vorausgeschickt werden.

Die Art. 354 und 355 des H.=G.=B. gewähren bekannt=

Anspruch nehmen können, wenn sie Waare selbst beschafft haben.
Deshalb ist mit Recht darauf hingewiesen worden, daß dadurch eine
Fälschung des Börsenpreises herauskommt und ein anderer Preis
sich ergeben würde, wenn der Verkäufer stets die Waare haben
müßte. Nun glaube ich nicht, daß es sich allein um die Geschäfte
handelt, die am letzten Tage zum Ausgleich kommen, sondern daß
Kommissionshäuser in erheblichem Umfang nach außen sagen: dir
ist gekündigt, du mußt abnehmen. Wenn also in einem solchen Fall
der Einwand zulässig sein muß, daß der Betreffende die Waare nicht
gehabt hat, dann wird auf diese Weise der Verkäufer genöthigt, wenn
er den Käufer in Verzug setzen will, sich die Waare zu verschaffen.
Das giebt allerdings einen anderen Kurs für die Waare. Die
Deckungsregulirung findet dann auf anderer Basis statt".

lich sowohl dem Käufer als dem Verkäufer beim Verzug des anderen Theils neben anderen Befugnissen das Recht, von dem Vertrage abzugehen, gleich als ob derselbe nicht geschlossen wäre. Diese Bestimmung setzt den Kontrahenten eines unvortheilhaften Geschäfts in den Stand, wenn er selbst erfüllungsfähig [99]), der Gegner aber erfüllungsunfähig war, eine purgatio morae durch den letzteren auszuschließen. Indem Art. 357 durch die Vorschrift, daß die Kontrahenten eines Fixgeschäfts die Rechte, welche ihnen gemäß Art. 354 und 355 zustehen, nach ihrer Wahl ausüben können, auch dem erfüllungsfähigen Kontrahenten eines unvortheilhaften Fixgeschäfts die Rücktrittsbefugniß gegenüber dem erfüllungs= unfähigen Gegner gewährt, bestimmt er etwas Selbstverständ= liches. Denn es ist ja die Eigenthümlichkeit des Fixgeschäfts, daß es die purgatio morae unzulässig macht. Nur wer ge= nau zu der festbestimmten Erfüllungszeit oder beim Ablauf der festbestimmten Erfüllungsfrist erfüllungsfähig ist, kann die Leistung des anderen Theils beanspruchen und den Gegner in Verzug setzen. Daraus ergiebt sich für den Fall, daß die beiden Kontrahenten eines Fixgeschäfts Zug um Zug erfüllungsunfähig sind: Der Vertrag verläuft ergebnißlos, wenn die Kontrahenten sich nicht über eine nachträgliche Er= füllung einigen. Denn keiner der Kontrahenten konnte zur Erfüllungszeit die Leistung des Anderen beanspruchen, keiner der Kontrahenten kann also nach Ablauf der Erfüllungszeit Ansprüche wegen Erfüllungsverzuges erheben.

Dennoch bestimmen die Bedingungen der Berliner Pro= duktenbörse [100]) für Termingeschäfte aller Art gleichmäßig:

> Der Verzug eines der beiden Vertragschließenden be= rechtigt den anderen Theil nicht zum Rücktritt vom Ver= trage.

---

[99]) Dieses Wort ist hier immer in dem oben S. 213 bezeichneten Sinn zu verstehen.

[100]) Vgl. Handbuch der (Berliner) Produktenbörse für 1894.

Ebenso gewähren z. B. die Bedingungen der Danziger Börse bei Nichterfüllung von Termingeschäften gewisse Befugnisse „unter Ausschluß des im Art. 354 und 355 des Allgemeinen deutschen Handelsgesetzbuchs vorgesehenen Rechtes, vom Vertrage abzugehen".

In den Usancen der meisten deutschen Börsen findet sich eine ausdrückliche Bestimmung über den Wegfall des Rücktritts nicht. Indem sie aber die Folgen der Nichterfüllung von Termingeschäften ausschließlich regeln, ohne das Rücktrittsrecht zu erwähnen, führen sie denselben Erfolg herbei.

Freilich würde die ausdrückliche oder stillschweigende Bestimmung, daß das Rücktrittsrecht ausgeschlossen sein solle, als wirkungslos erscheinen, wenn die Vorschriften der Börsenbedingungen über die Folgen der Nichterfüllung von Termingeschäften im Uebrigen mit den Vorschriften des Handelsgesetzbuchs im Einklang ständen. Denn wenn auch dem Kontrahenten eines Termingeschäfts das Rücktrittsrecht unter allen Umständen versagt ist, so ist er doch nach dem bestehenden Recht Ansprüchen aus dem Termingeschäft nur ausgesetzt, wenn der andere Theil zur Erfüllungszeit erfüllungsfähig war. Es kommt aber auf dasselbe hinaus, ob man sagt: gegenüber einem erfüllungsunfähigen Kontrahenten hat der andere Kontrahent keine Pflichten aus dem Termingeschäft, oder: gegenüber einem erfüllungsfähigen Kontrahenten hat der andere Kontrahent das Recht, von dem Termingeschäft abzugehen, gleich als ob dasselbe nicht geschlossen wäre.

Der Ausschluß des Rücktrittsrechts würde unerklärlich sein, wenn die Börsenusancen nicht zugleich bestimmten, daß jeder Kontrahent unter gewissen Voraussetzungen die Differenz fordern darf, auch wenn er den Gegner nicht in Verzug gesetzt hat, ja sogar, wenn er von ihm in Verzug gesetzt ist. Diese Bestimmung ist offenbar mit dem Rücktrittsrecht un-

vereinbar. Denn wie sollte der in Verzug gerathene Kon=
trahent aus dem Termingeschäft einen Differenzanspruch her=
leiten können, wenn der Gegner gemäß der Vorschrift des
Handelsgesetzbuchs vom Vertrage abgehen könnte, als ob
derselbe nicht geschlossen wäre? Deshalb mußte das Rück=
trittsrecht beseitigt werden.

Daß aber wirklich durch die Usancen zahlreicher Börsen
auch dem erfüllungsunfähigen, ja selbst dem im Verzug ge=
rathenen Kontrahenten ein Anspruch auf die Differenz ge=
währt wird, dürfte die Vergleichung der folgenden Bestim=
mungen [101]) ergeben:

Die Bedingungen für die Geschäfte an der Berliner
Fondsbörse, giltig vom 1. Januar 1892 ab [102]), enthalten
folgende Vorschriften:

§ 18. Wenn einer der beiden Kontrahenten nicht er=
füllt, so wird, falls die Erfüllung vermittelst Scontrirung
durch den Liquidationsverein zu erfolgen hatte, nach den
hierfür bestehenden statutarischen Bestimmungen des Liqui=
dationsvereins verfahren. In allen anderen Fällen hat
der nichtsäumige Theil das Recht, auf Erfüllung zu be=
stehen, oder Zwangsregulirung vorzunehmen. Will er
auf Erfüllung bestehen u. s. w. Wählt er dagegen die
Zwangsregulirung, so muß er dieselbe, ohne daß es einer
vorgängigen Anzeige oder der Stellung einer Nachfrist
bedarf, an der nächsten Börse nach dem Erfüllungstage
bewirken. Die Zwangsregulirung kann nach Wahl des
nicht säumigen Kontrahenten sowohl durch den vermittelst
eines vereideten Maklers zu bewirkenden An= bezw. Ver=
kauf der verschlossenen Werthe oder unter Zugrundelegung

---

101) Es wird keine Gewähr dafür übernommen, daß die an=
geführten, z. Th. aus meiner i. J. 1890 veranstalteten Sammlung
entnommenen Bestimmungen noch jetzt unverändert in Kraft sind.

102) Vgl. S a l i n g = S i e g f r i e d, Börsen=Papiere, 6. Aufl.,
S. 449.

des Durchschnittskurses, mit welchem dieselben am Zwangs=
regulirungstage notirt werden, auch zum Theil in der
einen, zum Theil in der anderen Art erfolgen. Die
Differenz zwischen dem Zwangsreguli=
rungskurse und dem Vertragskurse ist
demjenigen Theil, zu dessen Gunsten sie
sich herausstellt, von dem anderen Teil
sofort zu zahlen. Der säumige Theil hat dem
anderen Theil die übliche Maklergebühr, und zwar diese
selbst dann, wenn die Zwangsregulirung ohne An= oder
Verkauf bewirkt worden ist, Postauslagen und Stempel,
den entstandenen zum jeweiligen Reichsdiscont zu be=
rechnenden Zinsverlust und überdies auch noch die von
der Deputation der Sachverständigen=Kommission etwa fest=
gesetzte Konventionalstrafe zu zahlen.

In dem Breslauer Schlußzettelformular für Hafer
heißt es:

§ 4. Ist trotz ordnungsmäßig geschehener Ankündigung
die Abnahme des Hafers in der vorgeschriebenen Zeit nicht
erfolgt, so muß Lieferer seinem Kontrahenten an der näch=
sten Börse bis 12 Uhr Mittags schriftlich Anzeige machen
und hat im Uebrigen das Recht und die Pflicht,
entweder:

a) an eben dieser Börse den nicht abgenommenen
Hafer durch einen vereideten Makler öffentlich verkaufen
zu lassen,
oder

b) den Hafer zu dem an diesem Tage für den lau=
fenden Monat amtlich notirten Preise resp. Durchschnitts=
preise zu behalten. Die Differenz und die erweislichen
Kosten hat er von seinem Kontrahenten zu beanspruchen,
resp. die erstere nach Abzug der letzteren
an denselben zu zahlen.

§ 13. Ist dem Käufer der Ueberweisungszettel nicht

bis 12½ Nachmittags an dem letzten Werktage der Liefer=
zeit übergeben worden, so gilt die Waare als nicht ge=
liefert, und Käufer ist berechtigt resp. verpflichtet,
nach seiner Wahl entweder

a) den Hafer noch an derselben Börse durch einen
vereideten Makler meistbietend in Auktion anzukaufen
und die Differenz nebst ⅓ % der Ankaufsprovision,
der usancemäßigen Maklercourtage und des Stempels
vom Verkäufer zu beanspruchen, resp. dieselbe nach
Abzug der auf diese Weise entstandenen
Kosten an denselben zu zahlen,

oder

b) für die zu zahlende resp. zu empfangende
Differenz den von der Börsenkommission für den Stich=
tag festgesetzten Regulirungspreis zu Grunde zu legen.

In den Festsetzungen der Magdeburger Schlußschein=
Bedingungen finden sich folgende Sätze:

Wenn ein Käufer oder Verkäufer einen Vertrag un=
erfüllt läßt ..., so soll derselbe durch Rechnung, die zu
den jeweiligen Vertragspreisen aufgemacht ist, zum Aus=
trage gebracht und der Zucker dann sofort auf Grund
eines von dem Vorstand des Deutschen Zucker=Export=
vereins festzusetzenden Preises zurückberechnet werden ...
Dieser Bestimmung der Zurückberechnung
ist die vertragstreue bezw. zahlungsfähige
Partei ebenso unterworfen, wie die ver=
tragsbrüchige bezw. zahlungsunfähige
Partei, ohne Rücksicht darauf, ob hier=
durch in Folge des für den Tag der Zurück=
berechnung zufällig bestehenden Markt=
werthes ein Guthaben für die eine oder
andere Partei entsteht.

Damit über den Sinn dieser und ähnlicher, an zahl=
reichen deutschen Börsen üblichen Bedingungen kein Zweifel

bleiben könne, sollen in der Anmerkung [103]) einige diesbezüg=
liche, vor der Börsenenquetekommission abgegebene Er=
klärungen von Sachverständigen abgedruckt werden.

———

[103]) Stadtrath a. D. Kämpf, Direktor der Bank für Handel
und Industrie (Stenogr. Ver. S. 963): „Die Bedingungen für die
Geschäfte an der Berliner Fondsbörse sind allerdings nicht vom
theoretischen Standpunkt aus gemacht, sondern so, wie der Verkehr
sie uns an die Hand gegeben hat. Und nun wickelt sich das Zeit=
geschäft an der Berliner Börse in folgender Weise ab. Es muß
jeder Verkäufer schließlich die Waare, die er verkauft hat, an den
Käufer abliefern beziehungsweise sie ihm anbieten. Hat Jemand
einen bestimmten Posten Effekten zum Kurse von 160 per Ultimo
Juni verkauft, so muß er diese Effekten entweder selbst oder durch
einen Dritten, z. B. durch Vermittelung des Liquidationsvereins,
dem Käufer am Ultimo in seinem Komptor präsentiren. Nimmt
der Käufer die Stücke nicht ab, so gehen sie an den Verkäufer zurück,
und am folgenden Tage hat dieser nach den Bedingungen der Verkäufer
nicht nur das Recht, sondern auch die Pflicht, die Sache
zu erledigen, diese Werthpapiere zu verkaufen und dadurch die Diffe=
renz festzustellen, oder die Werthpapiere zu behalten und die
Differenz durch den Börsenkurs zu eruiren. Um=
gekehrt, wenn einem Käufer die Papiere, die er gekauft hat, am
Ultimo nicht geliefert werden, wenn also der Verkäufer säumig ist,
dann hat der Käufer die Pflicht, am folgenden Tage die Papiere
einzukaufen und auf diese Weise die Differenz festzustellen oder nur
die Differenz nach dem Börsenkurse festzustellen.“
S. 967: „(Der Verkäufer) muß seine Differenz an den Käufer
zahlen, selbst wenn dieser das Engagement nicht erfüllen könnte“.

Schinkel, Direktor der Norddeutschen Bank in Hamburg
(Sten. Ver. 1324): „Unsere (Hamburger) Usancen . . . bestimmen:
wie derjenige, der nicht säumig ist, auf der einen Seite berechtigt
ist, per Differenz von dem Säumigen seine Forderung sofort einzu=
fordern, so soll er auf der anderen Seite auch verpflichtet sein, die
zu Gunsten des Säumigen entstandene Differenz ihm auszuzahlen“.

Kopisch, Stadtrath, in Firma G. Kopisch, Breslau (Sten.
Ver. 2788): „Im Breslauer Börsenschlußschein ist vorgesehen, daß
der Käufer seinen Schadensersatz auch dann in Anspruch nehmen
kann, wenn er die Waare (Getreide) nicht auf Ultimo besitzt . . .
Nein, es ist bisher immer so gewesen, daß der Verkäufer, auch wenn
er säumig ist, wenn er nicht liefert, so kann er nichts desto weniger
doch Rechte gegen seinen Käufer ableiten“.

Vgl. auch die Bemerkungen des Geheimen Kommerzienraths

Danach iſt der gemeinſame Inhalt der fraglichen in ſehr verſchiedenen Faſſungen erſcheinenden Beſtimmungen folgender:

Der Käufer kann, wenn der Börſenpreis zur Erfüllungszeit höher iſt als der Vertragspreis, die Differenz fordern, ohne ſelbſt erfüllungsfähig zu ſein, ſofern nicht der Verkäufer auf Erfüllung beſteht (was aus den in meinem Aufſatz „Differenzgeſchäft und Differenzklauſel" S. 818 f. dargelegten Gründen ſelten geſchieht, außerdem auch durch die Beſtimmungen mancher Börſen ausgeſchloſſen iſt) oder einen Selbſthilfeverkauf vornimmt.

Der Verkäufer kann, wenn der Börſenpreis zur Erfüllungszeit niedriger iſt als der Vertragspreis, die Differenz fordern, ohne ſelbſt erfüllungsfähig zu ſein, ſofern nicht der Käufer auf Erfüllung beſteht (was ebenfalls ſelten geſchieht und an manchen Börſen ausgeſchloſſen iſt) oder einen Deckungskauf abſchließt (was nicht an allen Börſen geſtattet iſt).

Die fraglichen Börſenbedingungen gewähren allerdings einen Differenzanſpruch nur dem nichtſäumigen Kontrahenten gegen den ſäumigen, und dem ſäumigen Kontrahenten gegen den nichtſäumigen, nicht auch dem ſäumigen Kontrahenten gegen den ebenfalls ſäumigen. Die ſonderbare Erſcheinung, daß Fälle, in denen beide Kontrahenten erfüllungsunfähig geweſen ſind, nicht berückſichtigt ſcheinen, erklärt ſich indeſſen daraus, daß nach der Börſenanſchauung beide Theile überhaupt nicht ſäumig werden können. Im Effektengeſchäft gilt der Verkäufer, der die Effekten nicht bringt, als ſäumig, der Käufer, weil er ſeine Leiſtung nicht zu bringen braucht, immer als nichtſäumig. Im Produktengeſchäft erſcheint der Verkäufer als ſäumig, wenn er nicht angekündigt hat, während der Käufer als nichtſäumig betrachtet wird, da er ja beim Ausbleiben der Ankündigung nicht zu offeriren braucht.

Frentzel, Präſidenten des Aelteſten-Kollegiums der Kaufmannſchaft, Sten. Ber. 2789 f.

Handelt es sich aber um Geschäfte zwischen Börsenfirmen und Börsenexternen, so stellt sich, wenn es nicht zur Erfüllung gekommen ist, durchweg die Börsenfirma als nichtsäumig, der Externe als säumig dar; denn der Externe mußte ja immer bringen, die Börsenfirma brauchte nicht zu „offeriren". Eine Ausnahme kann nur dann eintreten, wenn die Börsenfirma Produkte verkauft und ohne Vereinbarung mit dem Kunden die Ankündigung unterlassen hatte.

Danach kann in der bezeichneten Ausdrucksweise eine interessante Nachwirkung der alten an die „Realoblation" anknüpfenden Irrthümer gefunden werden; schwerlich aber werden die fraglichen Bestimmungen dahin ausgelegt werden können, daß der erfüllungsunfähige Kontrahent zwar von dem erfüllungsfähigen Gegner, nicht aber auch von dem ebenfalls erfüllungsunfähigen Gegner die Differenz fordern dürfe.

Indem nun Fälle vorausgesetzt werden, in denen auf Erfüllung nicht bestanden und ein Selbsthilfe- oder Deckungskauf nicht abgeschlossen ist, ist zu untersuchen, ob die Vereinbarung, es solle der (zur Erfüllungszeit) erfüllungsunfähige Verkäufer, wenn der Börsenpreis gefallen, der erfüllungsunfähige Käufer dagegen, wenn der Börsenpreis gestiegen ist, die Differenz beanspruchen dürfen, giltig ist. Zur Vereinfachung der Darstellung soll der von mir bereits früher für die bezeichnete Vereinbarung vorgeschlagene Name „Differenzklausel" auch im Folgenden gebraucht werden.

Da die Art. 354, 355 und 357 des Handelsgesetzbuchs zweifellos dispositives Recht enthalten, scheint das Prinzip der Vertragsfreiheit zur Bejahung zu nöthigen.

Dennoch hat die Differenzklausel schon wiederholt bei Juristen Bedenken erregt.

Zur Kognition des Reichsoberhandelsgerichts gelangte die Differenzklausel in folgendem Fall [104]:

---

104) Entscheidungen IX S. 201 (1873).

„Die Parteien haben einen Handel über vom Kläger dem Beklagten im Mai 1872 zu einem gewissen Preise zu liefernde 200 Ctr. Rüböl geschlossen und diesem Handel ein Regulativ:

„Bedingungen für Lieferungsgeschäfte in rohem Rüböl" zu Grunde gelegt, welches von Geschäftsbetheiligten der Hamburger Börse festgestellt worden und, wie es scheint, dort eine, wenn nicht allgemeine, doch sehr häufige Benutzung gefunden hat.

Der Beklagte hat am Erfüllungstage Lieferung der gekauften Waare verlangt. Hierauf hat zwar der Kläger 200 Ctr. Rüböl offerirt (oder offeriren lassen), allein, wie durch Ausspruch eines konventionell eingesetzten Schiedsgerichts in Gewißheit gebracht worden ist, Waare von schlechter Qualität, so daß der Beklagte dieselbe zurückzuweisen befugt war, wie derselbe sie denn wirklich zurückgewiesen hat. Der Kläger hat gegen die damit verbundene Erklärung des Beklagten, sich vom Handel loszusagen, Widerspruch erhoben. Er hat sich sogar für berechtigt gehalten, von dem Beklagten den Belauf zu fordern, welcher für ihn als Nutzen sich ergeben haben würde, wenn seinerseits der Kontrakt durch Lieferung kontraktmäßiger Waare erfüllt worden wäre. Dieser Nutzen würde unbestritten, da Rüböl am Erfüllungstage B. Mk. 6,6 pr. Centner niedriger im Preise stand als der Kontraktpreis, (auf 200 Ctr.) B. Mk. 1275 betragen haben, und auf diese Summe ist der Kläger gegen den Beklagten klagbar geworden."

Nachdem das Hamburger Handelsgericht der Klage stattgegeben, das Obergericht aber das Urtheil aufgehoben und die Klage abgewiesen hatte, hat das Reichsoberhandelsgericht das Obergerichtserkenntniß bestätigt und dabei die Ansicht ausgesprochen, „daß der Inhalt der ‚Bedingungen‘ die exorbitante Behandlung des Kontraktverhältnisses, welche der Kläger beansprucht, nicht rechtfertige."

Das Reichsoberhandelsgericht bemerkt in den Entscheidungsgründen, daß sich allerdings in dem § 17 des Regulativs zwei Sätze fänden, „welche Bedenken zu erregen geeignet seien." Es sind die bei dem folgenden Abdruck dieses Paragraphen durch gesperrten Druck hervorgehobenen Sätze.

§ 17. Die Nichterfüllung dieses Vertrages berechtigt den anderen Theil nicht zum Rücktritt von dem Vertrage, sondern begründet für ihn nur die Befugniß nach seiner Wahl

a) spätestens am nächsten Werktage für Rechnung des Nichterfüllenden die betreffende Waare resp. verkaufen oder ankaufen zu lassen und den Ersatz der Differenz zu fordern, oder auch

b) von dem Nichterfüllenden lediglich die sofortige Vergütung der Differenz zu verlangen, welche zwischen dem Preise des Vertrages und dem Durchschnittspreise des betreffenden Empfangstages existirt.

Bei entstehenden Streitfragen sind die Preisdifferenzen zum Kündigungspreise (Durchschnittspreise) jedenfalls zu reguliren.

Das Reichsoberhandelsgericht findet, daß der letzte Satz „schon im Allgemeinen dunkel" und jedenfalls deshalb unverständlich sei, da keine Andeutung darüber gemacht sei, von welchen „Streitfragen" darin geredet werde; der Satz über den Ausschluß des Rücktrittsrechts verliere das Befremdliche durch die sich an ihn anschließenden Worte.

Nach den obigen Nachweisungen würde man schwerlich noch daran denken können, solche Bestimmungen hinwegzuinterpretiren. —

Bei einer der Besprechungen meiner früheren Ausführungen über die Differenzklausel richtete in einer Sitzung der Börsenenquetekommission der Senatspräsident am Reichsgericht Dr. Wiener an den bekannten Rechtsan walt Geheimen Justizrath Dr. von Wilmowski die Frage[105]):

„Der Verkäufer kommt mit den Effekten zum Käufer; der Käufer erwidert: ich kann die Effekten nicht abnehmen. Halten Sie es dann juristisch oder auch sachlich für richtig, daß dieser Mann, der das erklärt, gleichwohl die auf dem Engagement zu seinen Gunsten ruhende Differenz für sich einzieht? Das ist nach diesem Paragraphen (§ 18 der Bedingungen der Berliner Fondsbörse) der Fall".

Darauf antwortete Dr. von Wilmowski: „Nein, das würde ich allerdings nicht zulassen."

Auf die folgende Aeußerung des Dr. Wiener: „Sofern nicht der Verkäufer sagt, ich bestehe auf der effektiven Erfüllung, wonach das Geschäft ein ganz anderes wird, ist trotzdem die Wirkung, daß sich der Annahme weigernde Käufer die für ihn auf dem Engagement ruhende Differenz bezieht", bemerkte der Vorsitzende der Kommission, Präsident des Reichsbankdirektoriums Dr. Koch: „Das glaube ich nicht; ich würde das juristisch nicht anerkennen."

Es gilt, diese Urtheile zu begründen und zu zeigen, warum die Differenzklausel überhaupt keinen Anspruch auf die Differenz erzeugen kann.

Zu diesem Zwecke ist zu fragen: welche causa hat das Versprechen des Verkäufers, bei erhöhtem Börsenpreise die Differenz an den erfüllungsunfähigen Käufer zu zahlen; welche causa hat das Versprechen des Käufers, bei gesunkenem Börsenpreise die Differenz an den erfüllungsunfähigen Verkäufer zu zahlen?

XV.

Die gestellte Frage mag überflüssig erscheinen. Die Differenzklausel ist eine Nebenbestimmung des Termingeschäfts, also eines Kaufvertrages. Bei Nebenbestimmungen aber pflegt

---

105) Stenogr. Ber. 972.

man nicht nach der causa zu fragen. Man hält vielfach
für ſelbſtverſtändlich, daß eine Nebenbeſtimmung in dem
Hauptvertrage ihre causa findet.

Es dürfte ſich als zweckmäßig erweiſen, dem gegenüber
zunächſt zu unterſuchen, ob die römiſchen Juriſten eine Ver=
einbarung, die dem erfüllungsunfähigen Kontrahenten An=
ſprüche gewährt, als pactum adiectum bei einem Kauf Zug
um Zug anerkannt haben würden.

Bekannt iſt, daß der Kreis der Nebenvereinbarungen,
welche die Römer als pacta adiecta des Kaufs anerkannt
haben, ſehr ausgedehnt iſt [106]). Als pacta adiecta können
mit der actio empti oder venditi geltend gemacht werden
die Abrede, daß dem Verkäufer das verkaufte Haus für
einen beſtimmten Preis vermiethet werde; daß der Käufer
die Hälfte des verkauften Grundſtücks mit einem darauf von
ihm erbauten Hauſe zurückgebe; daß der Verkäufer ein auf
der Sache ruhendes Pfandrecht beſeitige, daß der Käufer
ſich eines beſtimmten Gebrauchs der Sache enthalte oder
umgekehrt mit Bezug auf die Sache etwas thue; — aber
auch, daß der Käufer ein dem Verkäufer gehöriges Haus
ausbeſſere, oder ein anderes Grundſtück des Verkäufers für
beſtimmten Preis miethe, oder eine ſonſtige Handlung für ihn
vornehme.

Die letzten Beiſpiele zeigen, daß nicht etwa wie bei der
Mancipation [107]) bloß ſolche Vereinbarungen als pacta
adiecta gelten, welche ſich darauf richten, daß mit der ver=
kauften Sache oder an ihr oder für ſie etwas vom Käufer
oder Verkäufer geſchehe.

Ferner iſt bekannt, daß Vereinbarungen, welche für den
Fall der Nichterfüllung Surrogatleiſtungen feſtſetzen, als
pacta adiecta behandelt werden. Aus der lex commissoria
kann mit der actio venditi geklagt werden; eine nicht durch

---

106) Vgl. B e ch m a n n, Kauf I, S. 656 ff., II, S. 375 ff.
107) Vgl. P e r n i c e, Labeo III, S. 114.

Poenalstipulation, sondern durch pactum auf die Nichterfül=
lung gesetzte Buße wird durch actio venditi bezw. empti
eingefordert.

Danach kann es den Anschein gewinnen, als ob jede dem
Kaufvertrage in ingressu contractus hinzugefügte Verein=
barung als pactum adiectum zu betrachten sei, sofern sie
nur „mit reeller Kaufabsicht der Parteien vereinbar" [108]) ist.
Denn daß eine Vereinbarung, die sich mit dieser Absicht
nicht verträgt, nicht als pactum adiectum zum Kauf gilt,
vielmehr einen Kauf nicht zu Stande kommen läßt, ist außer
Frage [109]). Hebt doch selbst eine nachträgliche Vereinbarung,
die einen Kontrahenten von seinen Verpflichtungen entbindet,
den Kaufvertrag auf [110]). Daran aber ist kein Zweifel, daß
die Differenzklausel mit reeller Kaufabsicht der Parteien
durchaus vereinbar ist. Jeder Theil kann trotz der Differenz=
klausel — wenigstens nach den Bestimmungen der meisten
Börsen — vom anderen Leistung gegen Gegenleistung bean=
spruchen, oder doch, wenn diese Befugniß durch usancemäßige
Vertragsbedingungen ausgeschlossen ist, Ersatz des vollen
Erfüllungsinteresses verlangen, also das, was ein römischer
Kaufkontrahent erlangen konnte.

Allein die römischen Juristen sind weit davon entfernt,
jede beliebige Abrede, wenn sie nur der reellen Kaufabsicht
nicht widerspricht, durch äußerliche Anknüpfung an den Kauf=
vertrag Bestand gewinnen zu lassen [111]). Damit ein Neben=
versprechen des Verkäufers als pactum adiectum erscheinen

---

108) M. Rümelin in der Rezension meiner Abhandlung
„Differenzgeschäft und Differenzklausel" in der Krit. Vierteljahres=
schrift XXXV, S. 203.

109) Vgl. fr. 36 de C. E. 18, 1.

110) Ob der Anspruch auf die Leistung des anderen Kontra=
henten sich in einen Schenkungsanspruch verwandle, konnte für die
klassischen Juristen nicht in Frage kommen.

111) Vgl. Pernice a. a. O., S. 106, 114 über die pacta bei
der Mancipation.

und die versprochene Leistung mit der actio empti bean=
sprucht werden könne, wird erfordert, daß für die versprochene
Leistung das Entgelt im Kaufpreise zugesagt, m. a. W. der=
selbe mit Rücksicht auf die Nebenleistung des Verkäufers
höher angesetzt ist. Das Nebenversprechen des Käufers ge=
währt nur dann als ein pactum adiectum des Kaufvertrages
dem Verkäufer Ansprüche, wenn dem Käufer dafür eine Ver=
gütung dadurch zugesichert ist, daß der Kaufpreis niedriger
bemessen ist [112]).

Fr. 21 § 4 de A. E. 19, 1 (Paulus): Si tibi fundum vendidero, ut eum conductum certa summa haberem,
ex vendito eo nomine mihi actio est, quasi in partem
pretii ea res sit.

Fr. 79 de C. E. 18, 1 (Javolenus): Fundi partem
dimidiam ea lege vendidisti ut emptor alteram partem,
quam retinebas, annis decem certa pecunia in annos
singulos conductam habeat. Labeo et Trebatius
negant posse ex vendito agi, ut id quod convenerit fiat.
Ego contra puto, si modo ideo vilius fundum
vendidisti, ut haec tibi conductio praestaretur: nam
hoc ipsum pretium fundi videretur (videtur?), quod
eo pacto venditus fuerat: eoque iure utimur.

Fr. 6 § 1 de serv. export. 18, 7 (Papinianus):
Nobis aliquando placebat non alias ex vendito propter
poenam homini irrogatam agi posse, quam si pecuniae
ratione venditoris interesset, veluti quod poenam pro-
misisset: ceterum viro bono non convenire credere venditoris interesse, quod animo saevientis satisfactum non
fuisset: sed in contrarium me vocat Sabini sententia,
qui utiliter agi ideo arbitratus est, quoniam hoc
minoris homo venisse videatur.

Daraus ergiebt sich: Ein pactum adiectum zum Kauf=

---

112) Vgl. Bechmann, Kauf II, S. 375.

vertrage kann nur das Verſprechen einer Leiſtung ſein, wel=
ches in der vom Empfänger des Verſprechens durch den
Kaufvertrag übernommenen Verpflichtung zur Gegenleiſtung
ſeine causa findet.

Demgemäß iſt die Frage, ob die römiſchen Juriſten die
Differenzklauſel als pactum adiectum zum Kaufvertrag be=
handelt haben würden, zu verneinen. Der Kaufpreis wird
nicht mit Rückſicht auf die Differenzklauſel höher oder nied=
riger beſtimmt, vielmehr ohne jede Rückſicht auf dieſelbe nach
dem Börſenpreiſe der Vertragszeit bemeſſen. Aber auch an=
genommen, daß der erfüllungsunfähige Differenzkläger für
die von ihm beanſpruchte Leiſtung in ſeinem Kaufverſprechen
die Gegenleiſtung übernommen hätte, ſo iſt zwar[113]) ſeiner
Klage nach der herrſchenden Auffaſſung des ſynallagmatiſchen
Vertrages ſtattzugeben, wenn der Beklagte nicht auf die
Gegenverpflichtung hinweiſt; geſchieht dies aber, ſo kann der
zur Erfüllungszeit erfüllungsunfähige Kläger ſeinen Differenz=
anſpruch nicht durch die causa emptionis oder venditionis
rechtfertigen. Denn wenn der Kontrahent eines Fixgeſchäfts
Zug um Zug nicht nachweiſen kann, daß er zur Erfüllungs=
zeit erfüllungsfähig geweſen iſt, ſo entbehrt ſeine Kauf=
forderung und damit auch ſein Verzugsanſpruch aus dem
Kauf der causa.

Nun iſt freilich die Frage, ob eine Vereinbarung pactum
adiectum zum Kauf ſei, bei uns nicht mehr wie bei den
Römern für ihre Klagbarkeit oder gar für die Wahl der
Formel von Bedeutung[114]); es ſteht auch nichts im Wege,
die Differenzklauſel als „Nebengeſchäft" oder in Verbindung
mit der das Rücktrittsrecht aufhebenden Abrede als „Neben=

---

113) Vorausgeſetzt — was hier nicht unterſucht werden ſoll —,
daß der handelsrechtliche Anſpruch auf Schadenserſatz wegen Nicht=
erfüllung in dieſer Beziehung gleich dem Erfüllungsanſpruch zu be=
handeln iſt.

114) Vgl. Bekker, Syſtem des heutigen Pandektenrechts II,
S. 289.

bestimmung" des Kaufvertrages zu bezeichnen. Daran aber
ist schwerlich etwas geändert, daß man sich zur Rechtfertigung
eines Anspruchs auf einen Kaufvertrag nur berufen kann,
wenn die beanspruchte Leistung in der durch den Kauf=
vertrag übernommenen Gegenleistung ihr Entgelt findet.

Der Differenzanspruch des erfüllungsunfähigen Kauf=
kontrahenten wird durch die von ihm übernommene Kauf=
leistung nicht gerechtfertigt.

XVI.

Die Antwort auf die Frage, welche andere causa den
in der Differenzklausel vereinigten Versprechen beider Kontra=
henten zu Grunde liegt, dürfte durch die Betrachtung fol=
genden fingirten Falls erleichtert werden.

A hat sein Haus an B verkauft. An einem bestimmten
Tage des folgenden Jahres soll das Haus gegen Zahlung
des vereinbarten Kaufpreises übergeben werden. Es wird
verabredet, daß der Kaufvertrag aufgehoben sein soll, wenn
B nicht an dem bestimmten Tage den Kaufpreis bringt, daß
aber B dann die Differenz zwischen dem Kaufpreise und dem
etwa durch eine Erhöhung der Grundstückspreise erzeugten
Mehrwerth des Hauses ausgezahlt erhalten soll.

Kann B auf Grund dieser Nebenabrede die bezeichnete
Differenz fordern, obwohl er den Kaufpreis an dem bezeich=
neten Tage nicht gebracht hat? Ich finde kein Bedenken,
diese Frage zu bejahen.

Allerdings kann der Anspruch des B sich nicht auf den
Kaufvertrag stützen. Die Berufung auf die causa emptionis
ist ausgeschlossen, da B nicht das Seinige dazu gethan hat,
den Kaufvertrag zu erfüllen. Aber es liegt neben dem
Kaufvertrage ein bedingtes Schenkungsversprechen vor. A
hat sich verpflichtet, dem B gerade in dem Falle etwas un=
entgeltlich zuzuwenden, daß B außer Stande sein werde, den
Kaufpreis aufzubringen.

Muß nicht das Versprechen des Terminverkäufers, den Mehrwerth der Waare dem Terminkäufer zu erstatten, wenn dieser den Kaufpreis nicht bezahlen kann, ganz ebenso als wirksam anerkannt werden?

Der Unterschied springt in die Augen. Der Terminverkäufer will und soll dem Käufer nicht etwas schenken; er wird nicht ohne Entgelt verpflichtet, bei steigenden Preisen die Differenz an den erfüllungsunfähigen Käufer zu zahlen. Er unterzieht sich dieser Verpflichtung nur, weil dafür der Käufer die Verpflichtung übernimmt, bei sinkenden Preisen die Differenz an den Verkäufer zu zahlen, wenn dieser erfüllungsunfähig sein sollte.

Danach dürfte die Charakterisirung der Differenzklausel keine Schwierigkeit bereiten. Nach der in Theorie und Praxis feststehenden Auffassung liegt ein Spielvertrag vor, wenn jeder der beiden Kontrahenten dem anderen etwas unter einer Bedingung verspricht, welche das Gegentheil ist von der Bedingung, unter welcher er seinerseits sich etwas versprechen läßt[115]). Die Differenzklausel besagt: der erfüllungsunfähige Verkäufer soll die Differenz verlangen dürfen, wenn der Börsenpreis zur Erfüllungszeit niedriger ist, als der Vertragspreis; dagegen soll der erfüllungsunfähige Käufer die Differenz beanspruchen dürfen, wenn der Börsenpreis zur Erfüllungszeit höher ist als der Vertragspreis.

Darüber besteht allerdings Streit, ob die Entscheidung der Alternative, die dem einen oder dem anderen Kontrahenten einen Anspruch gewähren soll, durch eine von den Parteien geregelte Thätigkeit herbeigeführt werden muß, oder ob ein Spielvertrag auch dann vorliegt, wenn die Entscheidung von Faktoren abhängig ist, auf welche die Kontrahenten keinen maßgebenden Einfluß ausüben können. Beide An-

---

115) Vgl. Windscheid, Lehrb. d. Pandektenr.[7], § 419, S. 523 ff.

sichten können sich auf zureichende gesetzliche Vorschriften nicht berufen. Die erstere geht von den bei Unterhaltungsspielen gemachten Beobachtungen aus [116]), die letztere hat man mit der Erwägung gerechtfertigt, daß Verträge, welche volkswirthschaftlich unfruchtbar sind und weder dazu dienen, einen sittlichen Zweck zu erreichen, noch ein wirthschaftliches Bedürfniß zu befriedigen, des Rechtsschutzes unwürdig sind [117]).

Nachdem bei Weitem die meisten Gerichte [118]) sich unter dem Einfluß der Rechtsprechung des Reichsoberhandelsgerichts und des Reichsgerichts in Prozessen über die sog. reinen Differenzgeschäfte der letzteren Ansicht angeschlossen haben, erscheint es nicht erforderlich, ja kaum noch statthaft, die für sie beigebrachten legislatorischen Motive einer Kritik zu unterziehen. Die Rücksicht auf die Rechtssicherheit wiegt schwerer als alle anderen Zweckmäßigkeitserwägungen und als die doktrinären Gründe der Anhänger Thöl's.

Ist aber die vom Reichsgericht vertretene Auffassung als maßgebend zu betrachten, so ist die Differenzklausel ein Spielvertrag, mithin untauglich, Differenzansprüche zu begründen.

Dieses Ergebniß kann nicht mit dem Nachweis angefochten werden, daß die Differenzklausel zuweilen aus Motiven vereinbart wird, die nicht als verwerflich bezeichnet werden können. Ob man Roulet spielt, um für unsittliche Ausgaben Geld zu erlangen, oder um mit dem Spielgewinn seine Familie zu ernähren, oder um sich die Mittel zur Wohlthätigkeit zu beschaffen, ist vollständig gleichgiltig; auch das edelste Motiv kann für den Spieler einen Anspruch auf den Spielgewinn nicht begründen. Ebenso irrelevant

---

116) Vgl. insb. Thöl, Der Verkehr mit Staatspapieren, S. 239 ff.

117) Vgl. die Entscheidung des Reichsgerichts in Seuff. Archiv XLIII, S. 111.

118) In neuerer Zeit auch das lange widerstrebende Oberlandesgericht Hamburg, vgl. Zeitschrift f. Handelsr. XXXVIII S. 223.

aber sind die Motive der Kontrahenten bei der Differenz=
klausel [119]).

Immerhin dürfte es zweckmäßig sein, die Motive, mit
denen man den Abschluß von Differenzklauseln und ihre
Aufnahme in die Börsenusancen zu rechtfertigen versucht hat,
einer kurzen Prüfung zu unterziehen.

1. M. Rümelin hat [120]) Folgendes ausgeführt:

„Die Bestimmung, daß auch der Säumige gegen den
Nichtsäumigen die Differenzklage haben solle, erklärt sich ge=
nügend aus einer Rücksichtnahme auf den nicht leistungs=
bereiten Gegner. Da man nie wissen kann, ob vom Gegner
reale Erfüllung zu erreichen ist, ist es entschuldbar, wenn
man sich nicht im Voraus die Leistungsbereitschaft sichert.
Gelingt es nun im entscheidenden Moment nicht mehr, sich
dieselbe zu verschaffen, so soll nicht die harte Bestrafung
eintreten, daß man der Spekulation des Gegners vollständig
preisgegeben ist, daß dieser bei ihm günstiger Gestaltung
der Kurse das Selbsthilfegeschäft vornehmen oder die Diffe=
renz einklagen, bei ungünstiger Wendung aber vom Geschäft
zurücktreten kann".

Der gleiche Gedanke tritt in der Aussage eines Berliner
Börsenkaufmanns vor der Börsenenquetekommission hervor [121]).

„Unsere Bedingungen gehen von dem Grundsatze aus,
daß der etwaige Nutzen, der auf einem Geschäfte liegt, Dem=
jenigen zu Gute kommt, dem er gebührt, und nicht Dem=
jenigen, der darauf kein Anrecht hat, daß also nicht der

---

119) Dernburg, Pandekten³ II, § 104, zieht freilich das
Motiv in den Begriff des Spiels hinein, indem er das Spiel definirt
als die Vereinbarung von Gewinn und Verlust unter entgegen=
gesetzten Bedingungen aus Spiellust, d. h. um sich durch Wagen
und Gewinnen die Zeit zu vertreiben, nimmt es aber mit
diesem Motiv nicht sehr genau, da er auch das „reine Differenz=
geschäft" als Spielgeschäft bezeichnet.

120) In der oben Anm. 108 bezeichneten Rezension S. 202.

121) Stenogr. Ber. 968.

Verkäufer, der zu niedrigem Kurse verkauft hat, nun nach=
dem die Papiere gestiegen, den Nutzen bekommen soll, der
ja doch dem Käufer gehört, der das Geschäft mit ihm ge=
macht hat".

Gegenüber diesen Aeußerungen ist früheren Gegenbemer=
kungen Folgendes hinzuzufügen.

Nach dem geltenden Recht ist der Differenzanspruch der
Lohn desjenigen Kontrahenten, der die dem anderen Kontra=
henten eröffnete Aussicht, an einem festgesetzten Tage für die
Waare einen bestimmten Preis oder für einen bestimmten Preis
die Waare zu erhalten, so viel an ihm liegt, verwirk=
licht hat.   Wer einem Anderen zu einem späteren Termin
eine Waare schon jetzt zu einem bestimmten Preise auch für
den Fall zusichert, daß die Waare dann nur zu höherem
Preise käuflich sein werde, kann dafür, wenn er seine
Zusicherung wahr macht, die Differenz verlangen,
falls die Waare sich am Termin billiger stellt.   Wer einem
Anderen zu einem späteren Termin schon jetzt für eine Waare
einen bestimmten Preis auch für den Fall verspricht, daß
dann die Waare nur zu geringerem Preise verkäuflich sein
werde, bekommt, wenn er sein Versprechen hält,
die Differenz, falls die Waare am Termin höher im Preise
steht.   Die Differenz ist die Vergütung dafür, daß man
seinem Versprechen nachgekommen ist, unter allen Umständen,
wie sich auch die Preise entwickelt haben, für eine bestimmte
Summe die Waare oder eine bestimmte Summe für die
Waare zu verschaffen.

Aus den angeführten Aeußerungen ergiebt sich eine andere
Auffassung: Die Differenz soll der Lohn Desjenigen sein,
der den Preisstand am Termin richtig vorherbestimmt hat.

Ist diese Anschauung als berechtigt anzuerkennen, so ist
gegen die citirte Bemerkung des Berliner Börsenkaufmanns
nichts einzuwenden.   Daß ein Kontrahent am Termin nicht
erfüllungsfähig ist, mindert nicht sein der Belohnung wür=

diges Verdienst, die Preisentwicklung beim Abschluß des Vertrages richtig beurtheilt zu haben. Dem anderen Kontrahenten aber würde ein vollständig ungerechtfertigter und unbilliger Gewinn in den Schooß fallen. Angenommen z. B. daß der Kurs der verkauften Papiere gestiegen ist, so würde auch nach dem geltenden Recht der erfüllungsunfähige Verkäufer an den erfüllungsfähigen Käufer die Differenz zu zahlen haben. Nun hatte aber unglücklicher Weise auch der Käufer versäumt, sich zur Erfüllungszeit in Erfüllungsbereitschaft zu setzen. Er hat sich damit vielleicht gegenüber dem Gesetze einer Nachlässigkeit schuldig gemacht, aber sein Verdienst, die Preisentwicklung richtig beurtheilt zu haben, wird dadurch nicht geschmälert. Könnte trotzdem der Verkäufer mit Rücksicht auf die kleine Nachlässigkeit des Käufers ihm den Lohn seines Verdienstes verweigern, so würde damit nicht allein der Käufer allzu hart bestraft, sondern auch dem Verkäufer eine Ausgabe erspart, die er hätte machen müssen, wenn der Käufer den Kaufpreis bereit gelegt hätte. Für den selbst erfüllungsunfähigen Verkäufer konnte es ja aber ganz gleichgiltig sein, ob der Gegner sich das Geld anschaffte oder nicht anschaffte[122]).

Nicht wesentlich anders scheint die Sache zu liegen, wenn bei gestiegenem Kurse der Verkäufer erfüllungsfähig und nur der Käufer erfüllungsunfähig ist. Allerdings könnte zuweilen der Verkäufer zu Schaden kommen, wenn der Käufer die volle Differenz beanspruchen dürfte. Aber das ist ja nach den meisten Börsenusancen nicht der Fall. Hat der Verkäufer ein besonderes Interesse daran, seinen Speicher zu räumen und den vereinbarten Preis für seine Waare zu er=

---

122) Vgl. dazu oben S. 226 ff. Allerdings ist der Käufer, um sich den Kaufpreis zu verschaffen, nicht genöthigt, Waaren von der Art der gekauften zu verkaufen und damit den Börsenpreis in der für den Gegner günstigen Richtung zu beeinflussen. Ob Börsenfirmen aber nicht doch häufig zu diesem Mittel greifen müssen, mag der Beurtheilung Geschäftskundiger überlassen bleiben.

halten, so kann er, auch wenn das Bestehen auf Erfüllung
ausgeschlossen ist oder sich als unzweckmäßig erweist, doch
einen Selbsthilfeverkauf vornehmen. Erreicht der dabei erzielte
Preis nicht den Börsenpreis, so darf er den Ausfall von
der an den Käufer zu zahlenden Differenz abziehen. Daß
er aber die ganze Differenz behalten dürfte, wäre außer-
ordentlich unbillig, da damit dem Käufer der Lohn für sein
zutreffendes Urtheil über die Preisentwicklung geraubt würde.
Auch das Handelsgesetzbuch gewährt ja dem säumigen Käufer
einen Anspruch auf den bei einem Selbsthilfeverkauf erzielten
Ueberschuß über den Vertragspreis. Freilich gibt das Handelsgesetzbuch dem Verkäufer nur das R e c h t , die Waare
für Rechnung des Käufers zu verkaufen; er darf daneben
nach dem Handelsgesetzbuch vom Vertrage zurücktreten und
die Waare für eigene Rechnung verkaufen; er wird diese Befugniß vorziehen, wenn er einen günstigen Ausgang des
Verkaufs voraussehen kann, was insbesondere dann der Fall
ist, wenn der Börsenpreis erheblich gestiegen ist. Da also
das Handelsgesetzbuch dem Verkäufer die Möglichkeit giebt,
dem Käufer seinen wohlverdienten Lohn zu nehmen, so
mußten seine Bestimmungen im Interesse der Billigkeit durch
die Differenzklausel verdrängt werden.

Es liegt mir selbstverständlich fern, Börsenkaufleute von
diesen in Börsenkreisen tief eingewurzelten und durch starke
Interessen gefestigten Anschauungen bekehren zu wollen.
Der Jurist aber, welcher der Meinung huldigt, daß der
Spekulant allein durch seine richtige Beurtheilung der Preisentwicklung den Lohn der Differenz verdiene, wird erwägen
müssen, ob daneben der Grundsatz des geltenden Rechtes
aufrecht erhalten bleiben darf, daß dem klugen oder glück-
lichen Hazardspieler der Anspruch auf den Spielgewinn versagt sein soll, auch wenn die Spieler noch so ausdrücklich
die Klagbarkeit der Gewinnansprüche vereinbart haben. Der
Jurist wird sich fragen müssen, wie der Spekulant, welcher

sein Versprechen, dem anderen Theil Waare oder Preis zu verschaffen, nicht gehalten hat, von einem Spieler zu unterscheiden ist.

Einstweilen kann die Meinung, der Kontrahent eines Termingeschäfts verdiene lediglich durch seine richtige Beurtheilung der Preisentwicklung den Anspruch auf die Differenz, die Differenzklausel nicht rechtfertigen, weil sie selbst der Rechtfertigung bedarf.

2. Von anderer Seite [123]) ist die Ansicht vertreten worden, daß die Differenzklausel im Interesse gerade des erfüllungsfähigen Kontrahenten eingeführt sei. Dieser solle seinen Differenzanspruch schnell durchführen können; um chikanöse Einwendungen des Beklagten abzuschneiden, müsse eine Beweiserhebung über die Erfüllungsbereitschaft des Klägers ausgeschlossen werden; zu diesem Zwecke verbiete man mittels der Differenzklausel die Berücksichtigung der Erfüllungsbereitschaft überhaupt. Es wäre danach die Differenzklage des erfüllungsunfähigen Kontrahenten ähnlich zu rechtfertigen wie die possessorische Klage des Diebes.

Es ist schon oben dargelegt, daß der erfüllungsfähige Differenzkläger seine Erfüllungsfähigkeit unter Benutzung der durch Art. 358 des H.-G.-B. gewährten Befugniß sofort klarstellen kann, daß also ein Bedürfniß, ihn von der Beweislast zu befreien, nicht anerkannt werden kann. Außerdem ist zu bezweifeln, ob es überhaupt in der Macht der Kontrahenten eines materiellen Vertrages steht, die gesetzliche Beweislast durch Vereinbarung zu verschieben oder gar zu beseitigen [124]).

3. Ferner ist zu Gunsten der Differenzklausel das Mit-

---

123) Vgl. Stenogr. Ber. 973 (Kommerzienrath v. Guaita, Frankfurt), Sitzungs-Protokolle S. 294 (Geh. Ober-Regierungsrath Dr. Hoffmann), Bericht der Börsen-Enquete-Kommission S. 120.

124) Vgl. Kohler, Gruchot's Beiträge XXXI, S. 301 ff. Bülow in diesem Archiv LXIV, S. 62 ff. Wach, das. S. 216 ff.

leid mit den Konkursgläubigern eines in Folge ſeiner Termin=
geſchäfte in Konkurs verfallenen Börſenexternen angerufen
worden.   Wenn die als Konkursgläubigerin auftretende
Börſenfirma die Differenzen aus den ihr günſtigen Geſchäften
verlangen dürfe, ſo ſoll im Intereſſe der übrigen Konkurs=
gläubiger wenigſtens mit den Differenzen aus den für den
Gemeinſchuldner günſtig verlaufenen Verträgen kompenſirt
werden können, auch wenn, wie als ſelbſtverſtändlich be=
trachtet wird, der Gemeinſchuldner in Verzug gerathen iſt.
Vermuthlich wird indeſſen den Gläubigern des Börſenexternen
beſſer geholfen, wenn man von der klagenden Börſenfirma den
Nachweis ihrer Erfüllungsfähigkeit verlangt. Im Uebrigen be=
darf die bezeichnete Meinung bei Juriſten keiner Widerlegung.

4. Ein Sachverſtändiger hat vor der Börſen=Enquete=
Kommiſſion die an der Berliner Fondsbörſe beſtehende
Beſtimmung über die Differenzklauſel folgender Maßen er=
klärt[125]):

„Der Zweck dieſes Paragraphen iſt nicht darauf gerichtet,
effektive Lieferung weniger hoch zu ſtellen, als ſonſt, ſondern
er hat ganz andere Gründe; er ſoll dem Kommiſſionär eine
Art Schutz gewähren gegenüber ſeinem Kommittenten, näm=
lich wenn der Kommittent mit der Lieferung bis Abends
6 Uhr des Stichtages in Rückſtand bleibt, tritt (scil. zwiſchen
dem Kommiſſionär und einem Dritten, dem er verkauft hat)
am nächſten Tage Zwangsregulirung ein.   Eine bedeutende
Berliner Firma, die nicht Zahlungsunfähigkeit erklären oder
ihre Verpflichtungen nicht unerfüllt laſſen will, iſt in die
Zwangslage verſetzt, an dem betreffenden Tage ſelbſt zu
kaufen, denn ſie muß, um liefern zu dürfen, bis Abends
6 Uhr am Stichtage liefern.   Sie kann in dem Augenblick
wo ſie kauft, um ſelbſt erfüllen zu können, nicht wiſſen,
ob der Kommittent noch kommen und liefern wird, denn er

—

125) Stenogr. Ber. 1325.

hat bis 6 Uhr Zeit zu erfüllen. Der Grund dieser Bestimmung ist einfach der, daß der Kommissionär berechtigt sein
soll, wenigstens wenn er um seine Verpflichtungen erfüllen zu
können, am letzten Tage effektiv gekauft hat, dem säumigen
Kontrahenten den Preis, den er angelegt hat, zu berechnen.
Ich muß sagen, daß das nicht gut anders geht. In den
meisten Fällen werden einigermaßen zahlungsfähige Häuser
die Papiere, die der Kommittent nicht abgenommen hat, am
Stichtage selbst bezahlen und zur Verfügung des säumigen
Kommittenten halten, am nächsten Tage aber für seine
Rechnung verkaufen. Ist die Summe, mit der der Kommittent im Rückstande geblieben ist, eine übermäßig große,
so wird selbst eine größere Firma nicht in der Lage sein, das
Geld auszulegen, sondern an dem betreffenden Tage verkaufen müssen, auf die Gefahr, daß der Kommittent um
6 Uhr Abends doch kommt."

Es darf zunächst bezweifelt werden, ob dem besprochenen
Uebelstand nicht durch eine andere Vereinbarung als die
Differenzklausel abgeholfen werden kann. Es wäre zu erwägen, ob nicht die in die Geschäftsbedingungen des Bankiers
aufgenommene Bestimmung, es solle die Erfüllungsfrist am
Stichtage um 10 oder 12 Uhr ablaufen, dienlich wäre. Bei
Bankiers, deren Geschäftsbedingungen eine Bestimmung wie
die oben S. 222 mitgetheilte enthalten, kann die Differenzklausel den von dem Sachverständigen angegebenen Zweck
ebenso wenig haben wie dann, wenn der Bankier die Effekten
nicht anderweit verkauft oder gekauft hat. Aber auch wenn
die Differenzklausel aus dem Motiv hervorgegangen sein und
zu dem Zwecke benutzt werden sollte, den Kommissionär gegen
die bezeichnete Gefahr zu schützen, würde jedenfalls damit
noch nicht die in der Differenzklausel enthaltene Bestimmung
gerechtfertigt sein, daß auch der erfüllungsunfähige Kommittent
bei einer entgegengesetzten Kursentwicklung die Differenz
fordern dürfe. Ohne diese Bestimmung aber würde schwer-

lich der Kommittent dem Kommissionär das Recht einräumen, die angebotene Leistung des Kommittenten zurückzuweisen und dennoch von ihm die Differenz zu verlangen.

5. Gewichtiger ist der Einwand, daß die Differenzklausel häufig dem Bedürfniß der Importeure und Exporteure sowie gewisser Großindustrieller diene, ihre Waaren gegen Preisschwankungen zu versichern. Ein Getreideimporteur beschließt Weizen von Indien zu importiren, da der Import bei den derzeitigen Weizenpreisen in Deutschland Gewinn verspricht; er würde aber den Weizen nur mit Verlust verkaufen können, wenn bei der Ankunft des Weizens nach 6 oder 7 Wochen der Getreidepreis in Deutschland erheblich gesunken wäre. Um dieses Risiko zu vermeiden, verkauft er zum derzeitigen Terminpreise eine entsprechende Quantität an der Berliner Börse auf einen Termin, vor dessen Ablauf die Ankunft des Weizens zu erwarten ist. Liefert nun der Importeur den Weizen seinem Käufer, so erhält er unter allen Umständen einen Preis, der ihm, wenn seine Kalkulation richtig war, Gewinn abwirft; sollte der Käufer den inzwischen entwertheten Weizen, trotzdem er in Berlin eingelagert und rechtzeitig angekündigt ist, nicht abnehmen, so kann der Importeur die Differenz einfordern. Gesetzt aber, daß bei dem Eintreffen des Weizens in den europäischen Gewässern der Weizenpreis in England oder Schweden höher ist als der gesunkene Börsenpreis in Berlin, so erscheint es Vielen unbillig, dem Importeur die Möglichkeit zu entziehen, seinen Weizen in England oder Schweden zu verkaufen, zugleich aber von dem Berliner Käufer die Differenz zu verlangen. Dies letztere kann freilich nur geschehen, wenn auch dem erfüllungsunfähigen Kontrahenten der Anspruch auf die Differenz gewährt wird. — Wenn eine Königsberger Mühle Mehl auf Zeit nach Schweden verkauft, da sie bei Fortdauer der gegenwärtigen russischen Getreidepreise das benöthigte Getreide aus Rußland zu einem Preise

bekommen wird, der zusammen mit Transport= und Pro=
duktionskosten niedriger ist, als der von dem schwedischen
Abnehmer zugesagte Preis, so besteht die Gefahr, daß die
Mühle Schaden erleidet, falls inzwischen der Getreidepreis
steigt. Die Mühle kauft deshalb eine entsprechende Quanti=
tät Getreide an der Berliner Börse zu Terminpreisen. Steigt
nun inzwischen der Getreidepreis, so erscheint Manchen un=
billig, daß die Mühle in Berlin die Differenz nur fordern
dürfe, wenn sie bereit ist, dort das Getreide abzunehmen
und zu bezahlen; vielmehr müsse dem Mühlenbesitzer frei
stehen, das Getreide vortheilhafter aus Rußland oder Ost=
preußen zu beziehen, dennoch aber in Berlin die Differenz
zu verlangen.

Es ist anzuerkennen, daß in diesen und anderen Fällen
ein berechtigtes Bedürfniß nach einer Versicherung gegen die
nachtheiligen Folgen einer Preisveränderung hervortritt; es
ist aber zu bestreiten, daß die Differenzklausel das geeignete
Mittel zur Befriedigung dieses Bedürfnisses bildet.

Vereinbart der Importeur mit einer Berliner Firma,
daß diese ihm den Fehlbetrag erstatte, der sich ergiebt, wenn
man den beim Verkauf des importirten Weizens erzielten
Preis von dem gegenwärtigen Börsen=Terminpreise abzieht,
daß dafür aber die Berliner Firma bei günstigem Ausfall
des Verkaufs den Mehrbetrag des erzielten Kaufpreises über
den gegenwärtigen Börsen=Terminpreis erhalten soll, so
unterliegt m. E. die Giltigkeit dieses Vertrages gemeinrecht=
lich keinem Bedenken[125a]). Dagegen ist zu bezweifeln, ob
wirksam verabredet werden kann, daß der Importeur, wenn
er nur den Weizen vor einem bestimmten Termin etwa nach
Hamburg gebracht hat, die Differenz zwischen dem bei Ab=
schluß des Vertrages bestehenden Berliner Terminpreise und
dem am Termin maßgebenden Berliner Weizenpreise ver=

125ª) Vgl. Stammler, Der Garantievertrag, in diesem
Archiv LXIX, insb. S. 49.

langen darf. Denn es bedarf keiner Ausführung, daß dem Importeur dadurch mehr gewährt wird als Ersatz eines durch den Rückgang des Weizenpreises verursachten Schadens. M. W. ist allgemein anerkannt, daß Sachversicherungs= verträge nur die Entschädigung, nicht eine Bereicherung des Versicherten bezielen können. Die Zweifel verstärken sich, wenn die bezeichnete Differenz dem Importeur etwa auch für den Fall versprochen wird, daß er den Weizen in eines der Nord= oder Ostseeländer bringt. Angenommen aber, es könnten solche Verträge damit gerechtfertigt werden, daß jene Differenz den vom Importeur in Folge des Rückganges der Getreidepreise erlittenen Schaden approximativ angebe, so ist doch jedenfalls als ein Versicherungs= oder Garantie= vertrag nur derjenige Vertrag anzuerkennen, welcher den Entschädigungsanspruch von der Verwirklichung einer Ge= fahr für den Versicherten abhängig macht. Man kann sich nicht eine Brand= oder Hagelentschädigung für den Fall versprechen lassen, daß man zur Zeit des Unglücks das ver= sicherte Grundstück nicht besitzt, also durch das Unglück nicht geschädigt wird. Ebenso kann der Importeur sich nicht eine Entschädigung irgend welcher Art für den Fall versprechen lassen, daß er den Weizen nicht importirt, also durch den Rückgang des Weizenpreises gar nicht geschädigt werden kann. Die Differenzklausel aber gewährt auch in diesem Falle dem Importeur einen Anspruch auf die Differenz. Daß der Importeur die Absicht hatte, den Weizen zu im= portiren und das Termingeschäft mit der Differenzklausel zu dem Zwecke abschloß, sich gegen einen Schaden zu versichern, genügt nicht. Ein aleatorischer Vertrag wird nur dann zu einem Versicherungs= oder Garantievertrag, wenn die Schädigung des einen Kontrahenten durch die Verwirklichung einer bestimmten Gefahr zur Bedingung oder wenigstens zur causa seiner Ansprüche gemacht wird.

6. Schließlich ist über den interessanten Rechtfertigungs=

verſuch zu berichten, den bei den Verhandlungen der Börſen-
Enquete-Kommiſſion der Präſident des Aelteſten-Kollegiums
der Berliner Kaufmannſchaft, Geheimer Kommerzienrath
Frentzel, unternommen hat.

Derſelbe hat[126]) bei der Berathung des „ſogenannten
Leiſt'ſchen Vorſchlags" geäußert, er faſſe den Nichtſäumigen
gewiſſermaßen als den Offizialkommiſſionär des Säumigen
auf, ſo daß ein Ueberſchuß allerdings dem Letzteren zuſtehe.

Freilich glaube ich nicht, daß die dieſer Aeußerung
folgende Bemerkung des Senatspräſidenten am Reichsgericht
Dr. Wiener, die juriſtiſche Konſtruktion des Nichtſäumigen
als eine Art Offizialmandatar des Säumigen ſei unmöglich,
einer näheren Begründung bedarf.

Dagegen läßt die Meinungsäußerung Frentzel's vermuthen, wie auch in den Kreiſen der Börſenkaufleute, denen
eine Begünſtigung des Spiels nicht zugetraut werden darf,
die Rechtsanſchauung hat Platz greifen können, daß auch
der Säumige vom Nichtſäumigen die Differenz fordern dürfe.

Geräth der Kommittent mit der Zahlung des Kaufpreiſes
in Verzug, ſo kann er die etwa beim Pfandverkauf des
Kommiſſionsgutes erzielte Differenz beanſpruchen. Ferner
hat der Verkäufer, wenn er den Selbſthilfeverkauf gemäß der
poſitiven[127]) Vorſchrift des Art. 354 des Handelsgeſetzbuchs
„für Rechnung des Käufers", alſo in der That „als eine
Art Offizialmandatar" vorgenommen hat, eine Differenz
dem ſäumigen Käufer herauszugeben.

Dieſe Beobachtungen mögen allmählich bei den nicht
juriſtiſch geſchulten Börſenkaufleuten die Meinung hervorgerufen haben, daß überhaupt der Säumige nach dem
geltenden Recht vom Nichtſäumigen bei günſtiger Entwicklung
des Börſenpreiſes die Differenz beanſpruchen dürfe. Daraus
würde ſich erklären, daß die Beſtimmung der Differenzklauſel

---

126) Sitzungs-Protokolle S. 294, vgl. Stenogr. Ber. 2790.
127) Vgl. Entſcheid. d. Reichsoberhandelsgerichts XX, S. 223.

vielfach von den ehrenwertheſten Kaufleuten als etwas ganz
Selbſtverſtändliches behandelt wird.

Wie dem aber auch ſei, jedenfalls liegt es mir fern, allen
denen, welche die Differenzklauſel in die Börſenbedingungen
eingeführt haben oder in ihre Verträge aufnehmen, den Vor=
wurf zu machen, daß ſie das Börſenſpiel begünſtigen oder
ſich ſelbſt an demſelben betheiligen wollten.

Die Meinung, daß die Differenzklauſel dem geltenden
Rechte nicht widerſpreche, ja ihm entſpreche, kann auf optima
fides beruhen, iſt aber, wenn die vorſtehenden Rechtsaus=
führungen richtig ſind, rechtsirrthümlich.

Eine geſetzliche Vorſchrift, welche die Differenzklauſel für
ungiltig erklärte, würde danach nur als eine authentiſche
Interpretation des geltenden gemeinen Rechts zu betrachten
ſein. Jedenfalls bedürfte es zu dieſem Zwecke nicht der
in der Börſen=Enquetekommiſſion beantragten Beſtimmung,
daß durch die Börſenbedingungen die Wirkungen, welche die
Art. 354, 355, 357 des H.G.B. an den Verzug des Käufers
und Verkäufers knüpfen, nicht abgeändert und erweitert wer=
den dürfen. Gegen dieſe Beſtimmung iſt in der Kommiſſion
mit Recht auf die wichtigen prinzipiellen Bedenken hingewieſen
worden, welche es verbieten, die vertragsmäßige Abänderung
der handelsgeſetzlichen Beſtimmungen durch die Geſetzgebung
für unzuläſſig zu erklären. „Das Handelsgeſetzbuch beſchränke
in keiner Weiſe die Vertragsfreiheit, es wolle nur ſubſidiäres
Recht für den Fall ſchaffen, daß die Parteien anderweitige
Vereinbarungen nicht getroffen hätten. Dieſer prinzipielle
Standpunkt des Handelsgeſetzbuchs ſei auch berechtigt, indem
die ſtetig wechſelnden Bedürfniſſe des kaufmänniſchen Ver=
kehrs vielfach Abweichungen von ſeinen Beſtimmungen ge=
rechtfertigt und nothwendig erſcheinen ließen" [128]). Gegenüber

---

128) Bericht d. Börſen=Enquete=Kommiſſion S. 119. — Die
beachtenswerthen Gründe, welche für den erwähnten Antrag
nach dem Bericht der Börſen=Enquete=Kommiſſion (117f.) angeführt

der Vorschrift, daß die Differenzklausel ungiltig sei, könnten diese Erwägungen nicht in Betracht kommen. Denn die Ver=

---

wurden, mögen hier wieder gegeben werden, da der Bericht nicht im Buchhandel erschienen ist: „Der Artikel 354 des Handelsgesetzbuches gäbe dem Verkäufer das Recht, wenn der Käufer mit der Zahlung des Kaufpreises im Verzug und die Waare noch nicht übergeben ist, und Artikel 355 gäbe dem Käufer das Recht, wenn der Verkäufer mit der Uebergabe der Waare im Verzuge sei, vom Vertrage zurück= zutreten, gleich als ob derselbe nicht geschlossen wäre. Diese Rechte seien durch die Börsenordnungen beziehungsweise durch die allgemeinen Lieferungsbedingungen vielfach beseitigt, und habe nach denselben der Käufer das Recht, die sich zu seinen Gunsten herausstellende Diffe= renz zu fordern, selbst dann, wenn er seinerseits im Verzuge sei. Die gleichen Rechte habe der Verkäufer selbst dann, wenn er seiner= seits den Vertrag zu erfüllen nicht in der Lage sei. Durch diese Bestimmungen der Börsenordnungen seien die handelsgesetzlichen Vor= schriften und der auch im allgemeinen bürgerlichen Recht bestehende Grundsatz, daß nur derjenige die Erfüllung des Vertrages zu ver= langen berechtigt sei, der seinerseits den Vertrag zu erfüllen im Stande sei, beseitigt. Hiernach könne also bei Termingeschäften so= wohl von dem Käufer als von dem Verkäufer der sich aus der Diffe= renz des Kontraktpreises und des Börsenpreises ergebende Betrag selbst dann gefordert werden, wenn der Käufer sich nicht in der Lage befinde, die Waare zu bezahlen, oder der Verkäufer, dieselbe zu liefern. Diese Bestimmungen beruhten augenscheinlich auf der Er= wägung, daß derjenige, zu dessen Gunsten sich der Preis an dem Regulirungstage stelle, jederzeit in der Lage sein würde, sich die zur Abwickelung des Geschäftes benöthigten Waaren als Verkäufer oder die nöthigen Geldmittel als Käufer zu beschaffen. Diese Voraus= setzung träfe jedoch keineswegs in allen Fällen zu. Handele es sich um ein Werthpapier, dessen Kurs keinen erheblichen Schwankungen unterliege und das demgemäß jederzeit zu annähernd dem gleichen Preise, wie derselbe an dem Stichtage festgestellt sei, veräußert werden könne, so sei wohl zuzugeben, daß es dem Käufer, zu dessen Gunsten sich der Preis am Stichtage gestellt habe, in den meisten Fällen ohne zu große Mühe möglich sein würde, sich das zur Ab= nahme des Werthpapieres benöthigte Geld zu verschaffen. Anders liege es jedoch bei solchen Werthpapieren, deren Preise erheblichen Schwankungen ausgesetzt seien. Habe jemand große Beträge eines auf Zeit gehandelten Bergwerkpapieres gekauft, und der Preis für dasselbe habe sich wirklich am Stichtage für ihn günstig, also höher gestellt, vielleicht weil eine ganz vorübergehende und unerwartete

tragsfreiheit bedeutet nach dem geltenden Rechte nicht die
Freiheit, Spielverträge abzuschließen.

_____

Nachfrage zum Zwecke der Kapitalanlage oder Deckungskäufe der
Baissespekulation den Preis in die Höhe getrieben haben, so biete
Demjenigen, der dem Käufer das Geld zur Abnahme der Werth=
papiere leihen wolle, der Besitz dieser Werthpapiere keineswegs eine
jedes Risiko für ihn ausschließende Deckung. Denn ebenso, wie der
Preis künstlich in die Höhe getrieben worden sei, könne er auch un=
mittelbar darauf, wenn große Beträge auf den Markt geworfen
werden, beträchtlich und für längere Zeit gedrückt werden, so daß
der Gewinn sich vielleicht sogar in einen Verlust umwandeln würde.
Noch weniger träfe die Voraussetzung zu, daß Jemand, der Waaren
oder Werthpapiere verkauft habe und dieselben am Lieferungstage
nicht liefern könne, sich die benöthigten Waaren und Werthpapiere
jederzeit würde beschaffen können, wenn am Lieferungstage der fest=
gestellte Börsenpreis für ihn einen Vortheil ergebe. Sei es schon
bei Werthpapieren zweifelhaft, ob die benöthigten Beträge überhaupt
an der Börse zur Verfügung ständen, so sei dies noch mehr bei
Waaren der Fall, bei denen auch die Qualität in Berücksichtigung
gezogen werden müsse. Wenn aber auch wirklich die Waaren und
Werthpapiere vorhanden seien, so sei es immer noch sehr zweifelhaft
ob sich Jemand finden würde, der sie dem Verkäufer für die Zwecke
der Lieferung zur Verfügung stellen werde. Nehme man aber selbst
an, daß der Verkäufer einer Waare oder eines Werthpapiers die
Geldmittel besäße, um sich die verkauften Quantitäten anderweitig
beschaffen zu können, so würde, wenn er dies thäte und an der Börse
die Waaren oder Werthpapiere kaufte, der Preis für dieselben ent=
sprechend gesteigert werden. Habe z. B. Jemand 1000 Tonnen Roggen
zu einem Preise von 150 Mark verkauft und der Preis stände wirk=
lich am Regulirungstage auf 145 Mark, so sei es durchaus un=
berechtigt, ihm einen Gewinn von fünf Mark pro Tonne zuzusprechen,
denn der Preis würde zweifellos entsprechend höher zur Notirung
gelangt sein, wenn er die benöthigten 1000 Tonnen in der That am
Regulirungstage an der Börse gekauft hätte. Die Wirkung dieser
Börsenbestimmung sei also die, daß derjenige, welcher nicht effektiv
liefere, günstiger stehe, als derjenige, welcher seinen vertragsmäßigen
Verpflichtungen nachkäme, und darin liege eine nicht zu rechtfertigende
Unbilligkeit. Daß diese Bestimmungen nicht in den Bedürfnissen des
Waarenverkehrs ihre Ursache hätten, sondern lediglich die Begünstigung
des Spielgeschäfts bezweckten, erscheine zweifellos, denn es sei nicht
einzusehen, welche Interessen des Waarenverkehrs dieselben erheischten.
Dagegen trete die Begünstigung des Spielgeschäfts klar und deutlich

XVII.

Ist die Differenzklausel ein dem Kaufvertrag hinzutretender Spielvertrag, so erhebt sich die Frage, ob die Ungiltigkeit der Differenzklausel auch die Ungiltigkeit des Kaufvertrages zur Folge haben kann.

Ich habe diese Frage früher kurzweg verneint, lediglich von der Erwägung ausgehend, daß der Kaufvertrag und die Differenzklausel zwei selbstständige, weil auf verschiedener causa beruhende Verträge sind. Dem gegenüber hat M. Rümelin ausgeführt, daß über den Zusammenhang verschiedener in continenti getroffener Vertragsberedungen in erster Linie der Parteiwille entscheide. Es frage sich, würden die Parteien, im Moment des Vertragsschlusses vor die Wahl gestellt, das Geschäft ohne die betreffende Klausel abgeschlossen oder würden sie ganz auf dasselbe verzichtet haben. Sei aber Jemand von vornherein nicht in der Lage, sich die erforderliche Erfüllungsbereitschaft zu verschaffen, so sei nicht einzusehen, wie er sich zum Abschluß eines Rechts= geschäfts verstehen sollte, bei dem diese Leistungsbereitschaft zur Voraussetzung der Geltendmachung irgend welcher An= sprüche erhoben wäre, bei dem er also nur verlieren, nicht gewinnen könne. Diese Sachlage müsse auch demjenigen, der mit einer Person dieser Art kontrahire, klar ersichtlich sein. Deßhalb müsse der vermuthliche Parteiwille wenigstens für die Regel zur Ungiltigkeit des ganzen Geschäfts führen.

Wäre diese Ansicht als richtig anzuerkennen, so würde

---

hervor, wenn beide Kontrahenten zu erfüllen außer Stande seien. Denn wenn der Verkäufer die Waare nicht liefern, der Käufer die= selbe nicht abnehmen und bezahlen könne, und gleichwohl Derjenige, zu dessen Gunsten sich der Preis am Stichtage gestellt habe, einen Anspruch gegen den anderen auf Erstattung der Differenz zwischen demselben und dem Kontraktspreise habe, so könne doch unmöglich von einem Waarengeschäft mehr die Rede sein, sondern es trete klar zu Tage, daß es sich nur um eine Wette gehandelt habe".

den obigen Darlegungen über die Differenzklausel eine er-
höhte praktische Bedeutung zukommen. Denn dann würden
aus Verträgen, denen die Differenzklausel hinzugefügt ist,
wirksame Ansprüche irgend welcher Art regelmäßig überhaupt
nicht abgeleitet werden können. Die Ausführungen Rümelin's, welche augenscheinlich auf Windscheid's Lehre von
der Voraussetzung basirt sind, machen, da sie nicht vollständig
überzeugend sein dürften, eine nähere Untersuchung der an-
geregten Frage erforderlich. Doch wird es gestattet erscheinen,
diese Untersuchung einstweilen auszusetzen, bis die These,
daß die Differenzklausel nach dem gemeinen Recht ein Spielvertrag ist, der wissenschaftlichen Kritik unterzogen sein wird.

Dagegen darf hier die Frage nicht übergangen werden,
ob der Satz, daß der erfüllungsunfähige und sogar der in
Verzug gerathene Terminverkäufer bei gesunkenen Preisen,
der in gleicher Lage befindliche Terminkäufer dagegen bei ge-
stiegenen Preisen die Differenz beanspruchen kann, durch den
Handelsgebrauch sanktionirt ist. Wäre dies der Fall, so
würden die gegen die Giltigkeit der Differenzklausel aus dem
gemeinen Recht entnommenen Argumente nach Art. 1 des
H.G.B. bedeutungslos sein. Es wäre aber auch die Möglichkeit gegeben, den Gebrauch der bedenklichen Differenzklausel
ganz zu vermeiden und trotz mangelnder Erfüllungsbereitschaft
Differenzen mit Berufung auf den Handelsgebrauch in Anspruch zu nehmen. Schon jetzt hat man sich, nachdem die
Differenzklausel in der Börsenenquetekommission einige Aufmerksamkeit auf sich gezogen hat, an der Berliner Produktenbörse entschlossen, die Differenzklausel zwar nicht ganz zu
entfernen, aber doch vorsichtig zu verhüllen.

Die Schlußscheinformulare von 1890 enthielten folgende
Bestimmungen:

§ 15. Die Nichterfüllung dieses Vertrages aus anderen
als den im § 14 angeführten Gründen (Insolvenz) berechtigt den zur Erfüllung bereiten Theil nicht

zum Rücktritt vom Vertrage, sondern begründet für ihn nur die Befugniß, die Zwangsregulirung des Geschäfts in der Art zu bewirken, daß er nach seiner Wahl:

a) spätestens am nächsten Werkeltage nach dem letzten Erfüllungstage durch einen vereideten Makler für Rechnung des Nichterfüllenden den betreffenden Spiritus verkaufen resp. eine entsprechende Quantität ankaufen läßt, welches letztere auch schon am letzten Erfüllungstage geschehen kann, und außerdem den Unterschied zwischen dem Preise des Vertrages und dem erzielten Verkaufs= bezw. Ankaufspreise mit dem Nichterfüllenden verrechnet,

b) oder mit dem Nichterfüllenden dasjenige Interesse verrechnet, welches sich ergibt aus dem Unterschiede zwischen dem Preise des Vertrages und dem amtlich festgestellten Durchschnittspreise des Kündigungstages resp. des letzten Tages der Lieferungsfrist. Die Forderung, welche sich herausbildet aus dem Unterschiede zwischen dem Preise des Kontrakts und dem der Zwangsregulirung, sowie die usancemäßige Courtage, außerdem Portoauslagen und Stempel sind derjenigen Partei, zu deren Gunsten dieselbe sich herausstellt, von Seiten der anderen sofort baar zu zahlen.

Diesem klaren Ausdruck der Differenzklausel stehen in den Bedingungen von 1894 folgende Festsetzungen gegenüber:

§ 15. Der Verzug eines der beiden Vertragschließenden berechtigt den anderen Theil nicht zum Rücktritte vom Vertrage.

§ 16. Ist der Käufer mit der Abnahme im Verzuge, so ist der Verkäufer berechtigt, den Spiritus am Tage nach der letzten Abnahmefrist an der Börse durch einen vereideten Makler für Rechnung des Käufers verkaufen zu lassen.

§ 17. Ist der Verkäufer mit der Lieferung im Verzuge, so hat der Käufer das Recht, die Zwangsregulirung des Geschäfts in der Art zu bewirken, daß er nach seiner Wahl:

a) den Spiritus für Rechnung des Verkäufers durch einen vereideten Makler bestmöglichst spätestens am nächsten Werktage nach dem letzten Erfüllungstage ankauft, oder

b) mit dem Verkäufer den Preisunterschied zwischen dem Vertragspreise und dem amtlich festgesetzten Durch= schnittspreise des letzten Werktages der Lieferungsfrist be= rechnet.

Die aus der Zwangsregulirung sich ergebende Forde= rung ist unter Berücksichtigung etwaiger Portoauslagen und Stempel sofort zu begleichen.

Von welchem Recht er Gebrauch gemacht hat, muß der Käufer dem Verkäufer spätestens am nächsten Werktage nach Ablauf der Lieferungsfrist anzeigen.

Diese merkwürdig undeutlich ausgedrückten Bestimmungen können vielleicht im Vergleich mit den früheren den Eindruck erwecken, daß die betheiligten Kreise auf die Differenzklausel in Folge der Angriffe, denen sie ausgesetzt gewesen ist, ver= zichtet haben und zu den Grundsätzen des geltenden Rechts zurückgekehrt seien. Doch würde man sich damit vermuthlich einer erheblichen Täuschung hingeben. Es ist sehr unwahr= scheinlich, daß in jenen Kreisen eine Sinnesänderung ein= getreten ist; man hat sich wohl nur gescheut, eine Bestim= mung wie die Differenzklausel offen in die Börsenusancen aufzunehmen, nachdem sie in der Börsenenquetekommission mehrfach für höchst bedenklich erklärt ist. Für den Fall aber, daß sich einmal ein Rechtsanwalt oder Richter nach der Erfüllungsfähigkeit des Differenzklägers erkundigen sollte, ist immerhin genügende Vorsorge getroffen. Der Kläger kann dann darauf hinweisen, daß auch nach den neuesten Be= stimmungen das Rücktrittsrecht ausgeschlossen sein soll; daß der Käufer beim Lieferungsverzug des Verkäufers zwar nach § 17 nur das Recht, nicht auch die Pflicht hat, die

Zwangsregulirung zu bewirken, aber doch dem Verkäufer anzeigen m u ß , welches Recht er gewählt hat, also wohl eines der zur Wahl gestellten Rechte ausüben muß; daß auch in § 17 nicht gesagt ist, der nichtsäumige Käufer solle vom säumigen Verkäufer den Preisunterschied fordern dürfen, sondern der Käufer solle mit dem Verkäufer den Preisunter=schied berechnen.   Ist der Richter in Unsicherheit über den Sinn dieser Satzungen gerathen, so läßt sich hoffen, daß gemäß dem Antrage des Klägers Beweis darüber erhoben wird, ob nach den durch jene Bestimmungen angedeuteten Handelsgebräuchen des Börsenverkehrs es für den Differenz=anspruch auf die Erfüllungsfähigkeit oder Erfüllungsunfähig=keit gar nicht ankommt. Werden darüber Börsenkaufleute vernommen, so ist ein für den Kläger günstiges Ergebniß mit Bestimmtheit vorauszusehen.

Denn darüber wird kein Zweifel bestehen können, daß die Börsenkaufleute ganz überwiegend den Differenzanspruch auch dem erfüllungsunfähigen und in Verzug gerathenen Kontrahenten zusprechen und daß ein erheblicher Theil der Börsenexternen der gleichen Rechtsanschauung huldigt. All=gemein scheint sie freilich in den Kreisen der Börsenexternen keineswegs zu sein und namentlich bei den mit der Börse in Fühlung stehenden Großindustriellen stößt sie auf Wider=spruch [129]). Aber das Uebergewicht hat sie sicherlich. Daraus

---

129) Vgl. die folgenden vor der Börsen=Enquete=Kommission gefallenen Aeußerungen:

S c h ü t t , Dampfmühlenbesitzer, Berli n (Stenogr. Ber. 2788): „Ich bin der Ansicht, daß er (der Verkäufer) verpflichtet ist, zu liefern oder nachzuweisen, daß er die Waare gehabt hat".

B r u n c k o w , Direktor der Stettiner Walzmühle, Stettin (Stenogr. Ber. 2789): auf die Frage: Halten Sie den Einwand für zulässig, daß der Verkäufer nicht im Besitz der Waare gewesen ist? „Allerdings."

M e y e r , Mühlenbesitzer, Hameln (ebenda): Ich kann mich auch nur dahin äußern, daß ich den jetzigen § 357 für ausreichend halte und keine gesetzliche Aenderung wünsche. Andererseits halte ich es

dürfte sich erklären, daß auch die Termingeschäfte solcher Börsen, welche die Differenzklauseln in ihre Usancen nicht aufgenommen haben, vielfach zu einer Differenzzahlung an offenbar erfüllungsunfähige Kontrahenten führen. Andererseits kann der Aufnahme der Differenzklausel in die meisten Börsenusancen ein Einwand gegen den Bestand eines entsprechenden Handelsgebrauchs nicht entnommen werden; die Börsenusancen enthalten auch viele Bestimmungen, die lediglich gesetzliche Vorschriften wiederholen.

Dennoch kann ein die Differenzklausel sanktionirender Handelsgebrauch nicht anerkannt werden. „So lange es neben dem Gebrauch auch einen Mißbrauch giebt, kann nicht jede Uebung als Ausdruck eines wahren Gewohnheitsrechts betrachtet werden. Soll sie dies sein, so muß sie, von anderen Erfordernissen abgesehen, mit den Geboten der Sittlichkeit und mit den Grundsätzen kaufmännischer Treue und Glaubens in Einklang stehen .... Es ist klar: darum allein, weil ein Verfahren im Handel und Wandel als erlaubt angesehen wird, liegt darin noch keine den Richter bindende Norm. Der Geschäftsverkehr läuft ohnedies nur zu sehr Gefahr, die Grenze zwischen Erlaubtem und Unerlaubtem zu übersehen und die Anforderungen strenger Rechtlichkeit den Rücksichten des Vortheils hintanzusetzen. Die Rechtspflege würde ihrem eigensten Wesen untreu werden, wenn sie auf dieser Bahn folgen wollte; sie hat die Pflicht, solcher Abschwächung des Sittlichkeits- und Rechtsgefühls entgegenzutreten" [130]).

für richtig, daß der Einwand des Käufers, der Verkäufer habe die Waare nicht gehabt, seine Berechtigung hat".

Klepper, Direktor der Ruhme-Mühle bei Northeim (Stenogr. Ber. 2791): „Ich halte auch an dem Gesichtspunkt fest .., daß es zweckmäßig ist, wenn als Grundlage der Geschäfte thatsächlich auch die Waare vorhanden ist; daß als Voraussetzung für alle diejenigen Operationen, die gemacht werden, soweit sie zur Abwicklung gelangen, das Vorhandensein der Waare existirt".

130) Regelsberger in diesem Archiv L. S. 44, 45. Vgl.

Ist nun die Differenzklausel ein Spielvertrag, so ist der sie sanktionirende Gebrauch unsittlich, also kein Handelsgebrauch im Sinne des Art. 1 des H.-G.-B.

Um Mißverständnisse auszuschließen, mag hinzugefügt werden:

Unsittlich ist nicht, daß einem erfüllungsunfähigen Kontrahenten ein Gewinn gewährt wird, sondern daß er ihm gewährt wird, weil unter entgegengesetzter Bedingung dem erfüllungsunfähigen Gegner ein entsprechender Gewinn gewährt wäre.

Unsittlich ist nicht der Gebrauch, auch an erfüllungsunfähige Gegner die Differenz zu zahlen; aber unsittlich ist, daß vom Spieler die Spielschuld mit den Zwangsmitteln des Rechts eingetrieben wird.

XVIII.

Sollte der im Vorstehenden gewonnene Grundsatz, daß nur ein erfüllungsfähiger Kontrahent aus einem Termingeschäft [131]) einen Anspruch auf die Differenz zwischen dem Vertragspreise und dem Börsenpreise des Erfüllungstermins herleiten kann, in der Rechtsprechung Anerkennung finden, so würde damit das Börsenspiel mit Börsenexternen, soweit es überhaupt nöthig hat auf die Judikatur ordentlicher Gerichte Rücksicht zu nehmen [131a]), gewiß noch nicht unterdrückt

---

über die Voraussetzungen des Handelsgebrauchs insb. Goldschmidt, Handbuch des Handelsrechts I, §§ 35, 36; v. Hahn, Commentar zum H.-G.-B.⁴ I, S. 75.

131) Es bedarf wohl kaum eines Hinweises darauf, daß nach dem entwickelten Grundsatz auch der Kontrahent eines Kassageschäfts nur dann Schadenersatz wegen Nichterfüllung verlangen kann, wenn er bei Ablauf der üblichen Erfüllungsfrist erfüllungsfähig war.

131a) Gegenüber der Meinung, daß das Börsenspiel auf die Rechtsprechung der ordentlichen Gerichte gar keine Rücksicht zu nehmen brauche, mag hier nur darauf hingewiesen werden, daß nach einer in den Anlagen zum Bericht der Börsen-Enquete-Kommission enthaltenen Zusammenstellung das Reichsgericht in der Zeit vom

oder auch nur erheblich eingeschränkt, sondern nur auf andere Wege verwiesen werden, auf denen auch Leute, die mit Waare und Preis nichts zu thun haben wollen, zu Ansprüchen auf eine Differenz gelangen können.

Schon jetzt schließen zuweilen die Kontrahenten eines Termingeschäfts, in welchem der Preis entsprechend dem derzeitigen Terminpreise bestimmt wird, uno actu einen zweiten Lieferungsvertrag über die gleiche Quantität zu demselben Termin, aber in entgegengesetzter Richtung. In diesem zweiten Kaufvertrage, in dem der Käufer des ersten Vertrages als Verkäufer, der Verkäufer des ersten Vertrages als Käufer auftritt, wird als Kaufpreis der Börsenpreis des Stichtages festgesetzt.

Häufiger als der simultane Abschluß zweier Termingeschäfte in entgegengesetzter Richtung ist der successive Abschluß solcher Verträge. Es darf bereits gegenwärtig als üblich bezeichnet werden, daß der Börsenexterne vor Ablauf der Erfüllungsfrist seinen Kauf durch einen Verkauf an seinen Verkäufer „deckt", und daß der Börsenexterne die verkaufte Waare vor dem Ende der Lieferungsfrist von seinem Käufer zurückkauft. In dem zweiten Termingeschäft (Gegengeschäft) wird der Kaufpreis gemäß der zur Zeit seines Abschlusses bestehenden Preisnotiz für Terminwaare festgesetzt. Das Gegengeschäft verbindet sich wiederum häufig mit einem Termingeschäft in entgegengesetzter Richtung auf einen späteren Termin (Prolongationsgeschäft).

Durch die simultane oder successive Kombination entgegengesetzter Termingeschäfte kann derselbe oder doch ein ähnlicher Erfolg herbeigeführt werden, wie durch die Differenzklausel. Der Kontrahent, welcher theurer verkauft als gekauft hat, kann die Differenz zwischen den beiden Vertragspreisen beanspruchen, ohne nachweisen zu müssen, daß er zur

---

7. Oktober 1884 bis zum 6. Juli 1893 47 Urtheile in Differenzprozessen erlassen hat.

Erfüllungszeit die verkaufte Waare zur Lieferung bereit gehalten habe. Denn gegenüber dem Einwand des Beklagten, daß er nicht in Zahlungsverzug gerathen fei, weil der Kläger zur Erfüllungszeit nicht erfüllungsfähig gewefen fei, könnte diefer verlangen, daß er behandelt werde, als ob er erfüllt hätte, da der Beklagte verpflichtet war, zu derfelben Zeit eine gleiche Waare an den Kläger zu liefern. Der Beklagte konnte nicht die Zahlung des Reftes feiner Kaufpreisfchuld, der bei Kompenfation der beiderfeitigen Kaufpreisforderungen übrig blieb, von der Lieferung der Waare durch den Kläger abhängig machen, da er die Waare, wenn er fie empfangen hätte, an den Kläger fofort hätte zurückliefern müffen. Durch die Kombination entgegengefetzter Kaufverträge kann alfo mit Hilfe der Kompenfation in der That dem einen oder anderen Theil, je nachdem der Börfenpreis geftiegen oder gefallen ift, ein Anfpruch auf eine Differenz verfchafft werden, zu deffen Begründung der Befitz der Waare nicht nachgewiefen zu werden braucht.

M. E. bietet das gemeine Recht keine Rechtsfätze, welche die Abweifung folcher Anfprüche rechtfertigen könnten. Anderer Anficht können, fo viel ich fehe, nur Diejenigen fein, welche mit K o h l e r [132]) in dem geltenden Recht die Vor= fchrift finden, daß alle Gefchäfte, welche nach der Abficht der Kontrahenten einen „vom Gefetz perhorreszirten Erfolg" herbeiführen follen, ungiltig find [133]). Denn es unterliegt allerdings keinem Zweifel, daß nicht bloß die finultane, fondern auch die fucceffive Kombination entgegengefetzter Termingefchäfte aus der Abficht der Kontrahenten hervor= gehen kann, den Erfolg der Differenzklaufel zu erzielen. Ift dagegen der bezeichnete Rechtsfatz nicht als gemeinrechtlich

---

132) Das Börfenfpiel (Sonderabdruck aus Wochenfchrift für Aktienrecht und Bankwefen), S. 24.

133) Vgl. dagegen auch K o h l e r , Archiv für bürgerliches Recht VII, S. 234f.

anzuerkennen [134]), so bedarf es der Darlegung nicht, wie schwierig und gefährlich die Untersuchung der Absichten wäre, welche die Kontrahenten zum Abschluß entgegengesetzter Termingeschäfte veranlaßt haben.

Die Erkenntniß, daß ein einzelnes Termingeschäft dem erfüllungsunfähigen Kontrahenten auch mit Hilfe der Differenzklausel einen Ausspruch auf eine Differenz nicht zu verschaffen vermag, kann danach das Börsenspiel vielleicht zu einem Stellungswechsel veranlassen, aber seine Beseitigung nicht ermöglichen. Allerdings scheint z. 3. bei Personen, die ohne Erfüllungsbereitschaft Differenzansprüche gewinnen wollen, eine gewisse Abneigung dagegen zu bestehen, zu diesem Zwecke die Kompensation in der angegebenen Weise zu benutzen. Ein von der Börsenenquetekommission vernommener Sachverständiger hat geäußert [135]): „Ich möchte auch bemerken, daß selbst die Kompensationen, die hier in den Engagements stattfinden, nicht durch Differenzzahlungen erledigt werden müssen. Wenn Sie heute an der Berliner Börse sechsmal von Jemand zu empfangen haben und auch sechsmal zu liefern haben, so kann ich nicht sagen: Hier haben Sie die Rechnung sechsmal hin und her, da kommt für mich so viel heraus, sondern dann sagt der Gegenkontrahent — und der Fall ist öfter vorgekommen —: Bitte, liefern Sie mir, ich werde auch liefern . . . Es giebt bei uns keine Kompensation. Es wird also der § 1, daß effektiv geliefert werden muß und effektive Lieferung gefordert werden kann, ganz streng aufrecht erhalten." Wenn auch diese Aeußerung sich nur auf die internen Börsengeschäfte beziehen

---

134) Vgl. G. A. Leift, Die Sicherung von Forderungen durch Uebereignung von Mobilien S. 88 ff.

135) Stenogr. Ber. 2493 f. (Aussage des Inhabers der aus verschiedenen Reichsgerichtsprozessen bekannten Berliner Firma Gebrüder Sobernheim, Getreide-, Rüböl- und Spiritus-Kommissionsgeschäft).

mag, so ergiebt sie doch die Meinung, daß die Benutzung der Kompensation zur Begründung von Differenzansprüchen die Geschäfte in einem zweifelhaften Licht erscheinen lassen könnte. So mag es sich erklären, daß zahlreiche — vielleicht die meisten — Börsenfirmen auch dann, wenn jedes Geschäft durch ein Gegengeschäft gedeckt ist, doch die beanspruchten Differenzen nicht durch Vergleichung der beiden Kaufpreise mit einander, sondern unter Vergleichung der beiden Kaufpreise mit dem Börsenpreise des Stichtages berechnen [136]). Sollte der Satz Anerkennung finden, daß Differenzansprüche auf die letztere Art nur unter der lästigen Voraussetzung der Erfüllungsfähigkeit begründet werden können, so würden die Betheiligten schwerlich Bedenken tragen, den nach geltendem Recht offen stehenden Ausweg zu benutzen.

Dennoch ist die bezeichnete Erkenntniß vielleicht von Nutzen in einer Zeit, die auf gesetzliche Maßregeln gegen das Börsenspiel hindrängt. Denn es dürfte sich als möglich erweisen, dem Börsenspiel den Zugang zu der neuen Stellung erheblich zu erschweren.

In dieser Beziehung mögen folgende Andeutungen denjenigen vorgetragen werden, welche die in Frage kommenden Interessen besser zu überschauen vermögen als der Verfasser.

Gesetzliche Vorschriften gegen das Börsenspiel dürfen sich nicht blos auf Termingeschäfte beziehen. Denn wenn der Erwerb von Differenzansprüchen mit Hilfe von Termingeschäften erschwert würde, so würden nur die Kassageschäfte mehr als bisher in gleicher Weise zur Herstellung von Differenzansprüchen benutzt werden. Die gesetzlichen Vorschriften können auch nicht wohl auf Börsengeschäfte beschränkt werden. Denn Bestimmungen, welche die Vertragsfreiheit nur bei

---

136) So z. B. in dem vom Reichsgericht durch Urtheil vom 6. Mai 1892 entschiedenen Fall Heimann gegen Moses L. Krämer, der in seinem Anfangsstadium die erste Anregung zu der vorliegenden Untersuchung gegeben hat.

diefen einengen, würden odiös erfcheinen, außerdem auch leicht zu umgehen fein.

Deshalb follen hier nur Beftimmungen in Betracht gezogen werden, welche mit Bezug auf Kaufverträge jeder Art in den Titel des Handelsgefetbuchs „vom Kauf" eingereiht werden könnten.

Zunächft dürfte eine Vorfchrift des Inhalts, daß die Verbindung eines Kaufvertrages mit einem in continenti abgefchloffenen Gegengefchäft unzuläffig fei, berechtigte Intereffen nicht verletzen. Dagegen wird fchwerlich eingewendet werden können, daß die vielbefprochene Verficherung gegen eine Veränderung des Börfenpreifes diefer Kombination bedürfe. Wenn der Importeur [137] mit einem Bankier vereinbart, daß letzterer für die bis zum Eintreffen der Waare durch das Sinken des Börfenpreifes herbeigeführte Entwerthung auffommen, dagegen beim Steigen des Börfenpreifes Erftattung des Mehrwerthes beanfpruchen folle, fo ift diefer Vertrag bei der herrfchenden Vertragsfreiheit giltig, ohne daß er der Einkleidung in ein Kaufgefchäft und ein Gegengefchäft bedürfte [138].

Die fucceffive Kombination entgegengefetzter Kaufverträge dürfte ebenfowenig zu verhindern fein wie die Kompenfation der aus ihnen hervorgehenden Forderungen.

Vermuthlich erweift fich aber die Frage als förderlich, was denn einen Börfenexternen veranlaßt, feinem Kauf vor dem Eintritt der Erfüllungszeit einen Verkauf folgen zu laffen, wenn der Börfenpreis inzwifchen gefallen ift, oder feinen Verkauf durch einen Kauf zu decken, wenn der Börfenpreis inzwifchen geftiegen ift.

Darauf ift zunächft zu antworten: Wenn der Börfenexterne eine ihm ungünftige Preifentwicklung andauern fieht,

---

137) Vgl. oben S. 255 und Fuchs, Der Waaren-Terminhandel (Sonderabdruck aus Schmoller's Jahrbuch XV), S. 24.

138) Vgl. Kohler a. a. O. (oben Anm. 132), S. 22.

ſo wird allmählich die Beſorgniß, daß dieſe Entwickelung ſich bis zum Stichtage fortſetzen werde, die Hoffnung über= wiegen, daß vor dieſem Termin ein Umſchlag eintreten werde. Der Börſenexterne ſchließt dann gern ein Gegengeſchäft und gewährt damit dem Gegner einen Differenzanſpruch, um dem vermuthlich höheren Differenzanſpruch zu entgehen, der ent= ſtehen würde, wenn er den Dingen ihren Lauf ließe. Würde dem Börſenexternen bekannt ſein, daß der Gegner aus dem Anfangsgeſchäft nur unter Nachweis ſeiner Erfüllungsfähig= keit einen Differenzanſpruch herleiten kann, ſo dürfte in nicht wenigen Fällen der Börſenexterne nicht geneigt ſein, ein Gegengeſchäft abzuſchließen. Dies wird vorausſichtlich nur dann geſchehen, wenn der Börſenexterne erwarten muß, daß der Gegner ſich erfüllungsfähig machen wird, und ferner, wenn der Börſenexterne demnächſt neue Geſchäfte mit dem Gegner abſchließen will. Hat er dieſe Abſicht, ſo wird er allerdings dem Gegner durch Eingehung eines Gegengeſchäfts einen Differenzanſpruch verſchaffen, damit der Gegner das Gleiche thue, wenn demnächſt ein Geſchäft günſtig für den Externen verlaufen ſollte, der doch nicht im Stande ſein würde, eine Differenzforderung anders als mit Hilfe eines Gegengeſchäfts und der Kompenſation zu gewinnen. Da= gegen wird der Externe ein Gegengeſchäft freiwillig nicht mehr eingehen, wenn er weitere Geſchäfte mit dem Gegner nicht beabſichtigt. Börſenfirmen, die ſich eines Differenz= anſpruchs für den Fall verſichern wollen, daß der Externe ſich nicht bis zum Ablauf der Erfüllungsfriſt zum Abſchluß eines Gegengeſchäfts bereit erklären ſollte, werden danach genöthigt ſein, ſich rechtzeitig erfüllungsfähig zu machen.

Nicht immer werden aber die Kontrahenten eines Börſen= geſchäfts zum Abſchluß eines Gegengeſchäfts durch ihr Inter= eſſe beſtimmt; häufig nöthigt dazu eine beim Abſchluß des Anfangsgeſchäfts eingegangene Verabredung.

In den Geſchäftsbedingungen, welche Börſenfirmen mit

ihren Kunden vereinbaren, finden sich Bestimmungen, welche den Kunden, der nicht erfüllen will oder kann, zum Abschluß eines Gegengeschäfts zwingen.

So heißt es z. B. in den Geschäftsbedingungen von Jean Fränkel, Bankgeschäft in Berlin [139]): „Ultimo= Engagements bin ich, falls die diesbezüglichen Dispositionen nicht spätestens drei Tage vor dem Liquidationstermin in meinem Besitz sind, nach meinem eigenen Ermessen für meine Kommittenten zu lösen oder zu prolongiren befugt.“

Noch schärfer lautet die entsprechende Bestimmung in den Geschäftsbedingungen von Samuel Zielenziger, Bank= und Wechselgeschäft in Berlin: „Daneben behalte ich mir das Recht vor, laufende Engagements (und speziell Zeit= geschäfte) jederzeit, auch vor dem Stichtage, ohne jede gericht= liche Intervention durch die geeignetste Gegenoperation (Kauf oder Verkauf) und zwar auch unter Eintritt als Selbst= kontrahent zu lösen, sobald meiner Aufforderung zur Abwicklung solcher Geschäfte oder zur Vermeh= rung der Sicherheiten nicht umgehend Folge geleistet ist“.

Angesichts dieser und ähnlicher [140]) Abmachungen dürfte zu erwägen sein, ob Vereinbarungen, welche den Kontra= henten eines Kaufvertrages, wenn er nicht erfüllen will, zum Abschluß eines Gegengeschäfts verpflichten oder ihm unter der Bedingung, daß er ein Gegengeschäft nicht abschließt, eine Rechtsverwirkung oder Konventionalstrafe androhen, für nichtig erklärt werden können.

---

139) Abgedruckt in den Anlagen zum Bericht der Börsen= Enquete=Kommission.

140) Vgl. auch die in den Schlußnoten der Berliner Produkten= firmen übliche Bestimmung: „N. N. (die Börsenfirma) erhält extra 1% Provision für Kauf und Verkauf zusammen . . .“ und dazu Grünwald und Lilienthal, Zum Terminhandel an der Berliner Produktenbörse, Berlin 1892.
